Dieses Buch widme ich

Prof. Dr. Matthias Hartmann (†),

meinem langjährigen Mentor, Wegbegleiter und Freund.

„Das Zusammenspiel der beiden Welten ist oft diskutiert, aber wenig fundiert. Bastian schafft konkrete Einblicke und teilt seine Erfahrungen, was allen Beteiligten hilft."
Dr. Florian Heinemann, Project A Ventures

„Als Versicherung für den Mittelstand liegt uns das Gelingen der digitalen Transformation besonders am Herzen. Dieses Buch zeigt, wie es gemeinsam mit Startups gelingen kann."
Johannes Rath, CDO Signal Iduna

„Unfassbar, was das Buch mit einem macht."
Alexander Graf, CEO Spryker / Kassenzone

„Startup und Innovation sind im Corporate-Umfeld die Top-Themen. Dieses Buch hilft jedem, der in den Bereichen aktiv ist."
Alexa Gorman, Head of SAP.iO Foundries

„Bastian sitzt in Berlin und ist Connector für Startups und Unternehmen. Er ist eine Bereicherung für die Szene und leistet verdammt gute Arbeit."
Dr. Rasmus Rothe, Gründer Merantix

„Innovation entsteht durch Diversität, aber nur wer die Unterschiede versteht, kann sie nutzen. Dieses Buch liefert eine pragmatische Hands-on-Anleitung für die Zusammenarbeit von Startups und Corporates."
Prof. Dr. Katharina Hölzle, Hasso-Plattner-Institut Potsdam

„Dieses Buch ist ein Muss, sowohl für Mittelständler als auch Startups, die miteinander arbeiten wollen."
Christian Rothe, CMO ABUS

DINO TRIFFT EINHORN

DINO TRIFFT EINHORN

55 Dinge, die Unternehmen & Startups voneinander lernen müssen, um erfolgreich zu sein

Bastian Halecker

Storkower Straße 207
10369 Berlin

1. Auflage, Oktober 2020

dinotriffteinhorn.de

ISBN: 979-8-676-13581-2

Inhalt

VORWORT

Eigentlich sollte www.startuptour.de nur ein kleines Projekt nebenbei werden. Eine Plattform, die etablierte Unternehmen und Startups zusammenbringt. Doch als ich mit der Website vor mehr als fünf Jahren an den Start ging, begann eine spannende Reise, die noch lange nicht vorbei ist.

Etwa eine Woche nach dem Launch der Website rief der erste Kunde an, ein Automobilzulieferer aus der deutschen Provinz. Die erste Startup-Tour dauerte einen Tag und begann in der Factory Berlin. Dazu lud ich verschiedene Leute aus meinem Netzwerk ein, eher nach dem Zufallsprinzip. Wer gerade Zeit und Lust hatte, nahm daran teil.

Das Ergebnis war ein erkenntnisreicher Tag für beide Seiten. Der CEO sagte zu mir am Abend: „Vielen Dank! Mein Verständnis zu Startups wurde heute neu geprägt." Auch die teilnehmenden Startups und Experten waren froh darüber, direkten Austausch mit einem Entscheider zu bekommen. Für mich war damit der Grundstein gelegt, denn ich hatte offenbar eine Lösung für ein reales Problem gefunden.

Es dauerte nicht lange, bis weitere Anfragen eintrafen. Auch verschiedene Medien berichteten über Startup Tour Berlin. Inzwischen hat sich daraus ein solides Business entwickelt. Um ehrlich zu sein: Am Anfang war es mir manchmal fast peinlich, nicht selbst ein innovatives Tech-Business zu haben, sondern „nur im Event-Bereich" unterwegs zu sein. Heute sehe ich das anders. Es ist mir gelungen, zumindest für den deutschen Markt die Kategorie der Matchmaking-Plattform für Startups und Corporates aufzubauen. Heute kann ich stolz sagen, dass ich Geld damit verdiene, mein Netzwerk zu erweitern, immer dazuzulernen und die verschiedenen Akteure einen Mehrwert zu liefern.

Mit mehr als fünf Jahren Erfahrung ist es heute deutlich einfacher geworden. Manchmal muss ich heute nur ein paar SMS-Nachrichten verschicken und schon steht die Tour. Startups und Netzwerk kennen mich und schätzen, was ich mache.

Doch eine Sache verwundert mich nach all der Zeit noch immer: Anfragen von Unternehmen, die zum ersten Mal darüber nachdenken, ob sie „auch mal was mit Startups machen" sollten. Wir schreiben immerhin das Jahr 2020, das ist ca. 13 Jahre nach Einführung des iPhones und ca. 20 Jahre nach dem ersten Startup-Hype um E-Commerce und Dotcom.

Meist habe ich von den Unternehmen noch nie gehört, die sich die Berliner Startup-Szene anschauen und mit den richtigen Playern vernetzen wollen, geschweige denn von den Orten, an denen sie ansässig sind. Es kommen auch vermehrt Unternehmen aus dem Ausland, etwa aus China, den USA oder den Vereinigten Arabischen Emiraten.

In den letzten ein bis zwei Jahren begann das Thema Mundpropaganda so richtig zu greifen. Hier ein Beispiel: 2018 kam ein Unternehmen „kalt", also ohne vorherigen Kontakt, über die Website zu uns und war für einen Tag zu Gast in Berlin. Das Unternehmen ist ein Zulieferer für die Küchenindustrie mit mehr als einer Milliarde Euro Umsatz. Wir bildeten mehrere Gruppen, die wir zu verschiedenen Themen mit Startups vernetzten. Der CEO war so begeistert, dass er die Erfahrung in einem seiner Verbandsnetzwerke teilte. Und schon kurze Zeit später war der Verband bei mir zu Gast. Das war eine Gruppe, die ausschließlich aus Entscheidern bestand. Das hat den Startups besonders gefallen. Ein Zitat ist mir im Ohr geblieben. Ein CEO sagte: „Boah, das mit den Startups gibt es ja wirklich!" Schon im Sommer 2019 plante ich Veranstaltungen mit der Hälfte der teilgenommen Unternehmen.

Ein super Erfolg, nicht nur für mich. Auf jeder Veranstaltung konnte mindestens eines der teilnehmenden Startups neue Partner beziehungsweise Geschäfte oder Zugänge generieren. Einige Startups sind über mich zu sehr spannenden Partnern oder lukrativen Kunden gekommen.

Bei meiner täglichen Arbeit an der Schnittstelle zwischen Corporates und Startups fällt mir aber immer wieder auf, dass es immer noch starke Missverständnisse auf beiden Seiten gibt. Das führt zu Kontaktschwierigkeiten und problematischen Erwartungshaltungen. In der Vergangenheit hat das zu dem einen oder anderen unnötigen Misserfolg und sogar zu Pleiten in Projekten und Initiativen geführt. Ziel dieses Buches ist es daher, aufzuklären. Ich möchte ein realistisches Bild von Startups schaffen und praktische Tipps für die Arbeit mit und in Startups liefern.

Die 55 Dinge, die Unternehmen und Startups voneinander lernen müssen, sind jeweils kurz und knapp gehalten und fokussieren auf praktische Relevanz und Klarheit.

Zugunsten besserer Lesbarkeit verwende ich eine nicht gender-konforme Sprachform. Dies impliziert jedoch keine Benachteiligung des weiblichen oder anderen Geschlechts, sondern soll im Sinne der sprachlichen Vereinfachung als geschlechtsneutral zu verstehen sein.

EINLEITUNG

Angeblich haben knapp 50 Prozent aller etablierten Unternehmen in Deutschland schon mit Startups zusammengearbeitet. Wenn dem so sein sollte, wundert es mich, dass es nach wie vor so viel Unsicherheit, Unwissenheit und Mangel an Erfahrung mit dem Thema Startup im Unternehmensumfeld gibt. Kaum jemand kann erklären, was ein Startup auszeichnet beziehungsweise von einer Corporate unterscheidet, welche Phasen es in der Entwicklung gibt oder, was die Motivation für Gründer ist.

In den vergangenen Jahren wurde im Kontext der digitalen Transformation vieles diskutiert und ausprobiert. Teilweise wurden Innovationsprogramme und Startup-Beteiligungen aufgesetzt und durchgeführt. Das übergeordnete Ziel solcher Maßnahmen ist es, als Corporate innovativer zu werden.

Es mag eine schöne Vorstellung sein, dass mit ein paar netten Innovationsaktivitäten und Partnerschaften alles „gut“ werden kann. Doch dem ist nicht so. Denn meist wird ignoriert, dass etablierte Organisationen von ihrer DNA gar nicht auf Innovation ausgelegt sind, sondern auf Effizienz. Der hohe Innovationsdruck führt zu einer Art Tunnelblick bei den Corporates. Den gilt es aufzubrechen.

In meiner langjährigen Arbeit mit Corporates unterschiedlicher Größe und Branchenzugehörigkeit habe ich oft erlebt, dass diese von einem einfachen Prinzip ausgehen: Startups sollen ihnen beim Thema Innovation helfen und im Gegenzug erhalten sie Unterstützung bei der Umsetzung oder Skalierung eigener Ideen. Klingt gut, aber leider ist es nicht ganz so einfach.

Fest steht: Partnerschaften und der Zugang zu Startups kann für Corporates ein schneller und relativ günstiger Weg sein, um von neuen Technologien, Denk- und Handlungsweisen zu profitieren. Doch um das zu schaffen, muss ein grundsätzliches Verständnis zum Thema Innovation und Startups aufgebaut werden.

Dieses Buch kann dabei helfen, indem es die Erfahrungen aus der Arbeit an der Schnittstelle zwischen Startups und Corporates in 55 praktische Dinge zusammenfasst. Erfahrungen und Insights gibt es genug. Denn einige Unternehmen haben sich bereits auf den Weg gemacht und „Neues" ausprobiert, indem sie zum Beispiel mit Startups verschiedenste Formen der Zusammenarbeit gestartet haben. Initiativen wurden aufgesetzt, Programme gestartet, Teams gegründet, Büros in Berlin eröffnet, Investments getätigt. Mit unterschiedlichem Erfolg und Misserfolg. In den weniger erfolgreichen Fällen haben oft Missverständnisse und Unwissenheit eine ausschlaggebende Rolle gespielt.

Ein Startup ist kein „Unternehmen – nur in klein". Grundsätzlich denkt und handelt es komplett anders als eine etablierte Organisation. Ich möchte hier nicht den viel zitierten Vergleich zwischen Tanker und Schnellboot bringen. Das würde bedeuten, beides seien Schiffe (selbe Kategorie) und beide würden auf denselben Gewässern fahren (selbe Umgebung). Ich möchte Startups eher als Einhörner beschreiben. Grundsätzlich passt diese Beschreibung nur auf Startups, die mit einer Milliarde US-Dollar oder mehr bewertet sind. Das sind relativ wenige, weltweit gibt es nur etwa 250. Mir geht es aber um die Metaphorik. Ein Einhorn ist ein Fabelwesen, das schimmert und glitzert. Existiert es wirklich? Wir versuchen zwar, es zu verstehen, haben aber keine wirklich passende Kategorie, um es einzuordnen. Und Beispiele von Einhörnern, die erfolgreich gezähmt wurden, sind äußerst rar.

Die etablierten Unternehmen sehe ich als Dinos. Ein Dino ist alt, so wie viele Unternehmen eine lange Geschichte und Tradition haben. Er ist oft sehr groß und behäbig, und vielleicht auch ein bisschen fett gefressen. Aber das Wichtigste: Eigentlich ist er schon ausgestorben.

Wer viel mit Unternehmensvertretern aus dem Corporate-Umfeld zu tun hat, weiß, dass sie sich im Vergleich mit den schimmernden Einhörnern selbst häufig als Dinosaurier bezeichnen. Mir soll diese Metaphorik helfen, mit Witz und Leichtigkeit an die Sache gehen zu können. Aber ich möchte auch etwas überspitzt auf reale Eigenschaften hinweisen. Klar ist: Nicht jedes Startup wird ein Einhorn, und nicht jede Corporate wird aussterben.

Corporates fremdeln oft mit digitalen Technologien, die Startups als selbstverständlich ansehen. Nicht selten fehlen ihnen die Kompetenzen, ihr volles Potenzial auszuschöpfen. Diese Mischung aus einem Mindset/Kultur- und Methodik/Technologie-Gap zwingt die Unternehmen, zu handeln. Denn sie haben zu Recht Angst, dass sie durch diese jungen Digitalunternehmen angegriffen werden oder sich Märkte durch neue technologische Möglichkeiten und Kundenverhalten plötzlich radikal verändern.

Auch beim Blick der Corporates auf die Startups herrscht noch ein falsches Bild vor, das auf Klischees beruht. Das Startup, das im Café ausschließlich vom Laptop aus gegründet und geführt wird, gibt es nicht. Startups sind keine „Disruptoren“, die im

Alleingang die alte tradierte Industrie abhängen. Manche scheinen immer noch zu glauben, dass Startups sehr einfach viel Geld bekommen, generell auf Händen getragen werden, ständig große Partys feiern und dass nach jedem Scheitern schnell ein neues Unternehmen gegründet wird. Ich werde zeigen, dass dem nicht so ist.

Aufgrund solcher Falschannahmen oder stark verallgemeinerten Sichtweisen funktioniert die Zusammenarbeit zwischen Corporates und Startups oftmals nicht so gut wie erwartet.

Wenn es nun darum gehen soll, eben diese Dinos und Einhörner zusammenzubringen, heißt das nicht, dass wir eine Kreuzung von Dinos und Einhörnern zur Welt bringen möchten. Stattdessen wollen wir, dass die Dinos weniger in der Vergangenheit verhaftet sind und dass die Einhörner ihre Fantasiewelt verlassen. Herauskommen soll etwas Realistisches und Leistungsfähiges, das sich an den Bedürfnissen der Gegenwart orientiert, echte Probleme löst und damit spezifischen Kundengruppen hilft – lokal und, wenn möglich, auch global.

Welche Formen das konkret hervorbringen kann, will ich aufzeigen, diskutieren und mit Beispielen oder Anekdoten anreichern. Aus der Kombination von Effizienz und Innovation, Erfahrung und Jugend, Know-how und Vision – zwischen Dinos und Einhörnern ergeben sich noch viele ungenutzte Potenziale.

Gerade in und nach der Corona-Krise werden lokale Kooperationen zwischen beiden Welten wichtiger als egoistisch betriebene globale Geschäftsmodelle. Die reine Exploration und das Entdecken von Neuem wird und muss ergänzt werden, um sinnvolle Beiträge zur Überlebensfähigkeit der Corporates zu leisten und das nachhaltige Wachstum sinnvoll zu fördern.

Besonders in Krisenzeiten besteht die Gefahr, dass Investitionen in Wachstumsprojekte, die sich erst in vielen Jahren auszahlen, hinterfragt werden. Allerdings muss klar sein, dass ein Nichthandeln und Nichtinvestieren zu einem sicheren Exitus führt. Untersuchungen zur Finanzkrise 2008/09 haben das umfassend dargelegt. In turbulenten Zeiten wie diesen ist es für Manager in Corporates besonders ratsam, sich am Mindset und Vorgehen von jungen Unternehmen zu orientieren.

Ziel dieses Buches ist es, umfassend aufzuklären. Beginnend mit Grundlagen und Basics zu Startups. Aus meiner jahrelangen Arbeit mit Startups kann ich im ersten Kapitel nicht nur theoretische Definitionen, sondern auch praktische Erklärungen, Anekdoten und Erfahrungen liefern, die die Adressaten dieses Buches sicher weiterbringt als reine Theorie.

In Kapitel zwei richtet sich der Blick auf die aktuelle Lage der Corporates. Deutschland ist besonders erfolgreich durch seinen soliden und oft unbekannten Mittelstand. In unserer Sprache sind das Category Champions. Viele von ihnen wollen jetzt „auch was mit Startups machen". Aber warum eigentlich? Wenn ich die Frage stelle, kommen selten fassbare Argumente. Meist sind die Unternehmen durch den Hype getrieben oder wollen auf den Zug aufspringen, weil der Wettbewerber etwas Ähnliches macht. Ich möchte hier ein paar einfache Zusammenhänge aufzeigen, die helfen sollen, die Möglichkeiten auf der Handlungsebene individuell zu bewerten und einschätzen zu können. In der Arbeit mit den Unternehmen hat sich erwiesen, dass einfache Ansätze und

Erklärungshilfen sowie Denkweisen schon viel bewirken können.

In Kapitel drei nehme ich eine Art Realitätscheck von verschiedenen Startup-Initiativen, Denk- und Herangehensweisen sowie Projekten vor, die nicht funktioniert haben oder gänzlich falsch aufgesetzt worden sind. In dem adressierten Umfeld wird über das Scheitern kaum oder nur ungern gesprochen. Dabei ist gerade der Umgang mit dem Scheitern einer der Hauptunterschiede zwischen Einhörnern und Dinos. Denn Startup-Entrepreneure sprechen offen über das Scheitern und lernen daraus.

Desweiteren möchte ich möglichst viele Erfahrungen aus Projekten, Initiativen und Einblicken teilen und beschreiben. Offene und ehrliche War-Storys, die die Verhältnisse zwischen Wunsch und Wirklichkeit klären, sollen helfen, die besten Voraussetzungen für das angestrebte Paarungsverhalten von Einhörnern und Dinos zu schaffen. Das sind sowohl Dinge, die gut funktioniert haben und als Leuchttürme angesehen werden können, als auch Fuck-ups, also Fälle, in denen etwas nicht geklappt oder sogar komplette Initiativen gegen den Baum gesetzt wurden. Denn Fakt ist, dass der Weg der Startups, mit den dahinter stehenden Denk- und Handlungsweisen, ein vielversprechender Weg ist, der im Corporate-Umfeld zu einer Transformation führen kann.

Es ist immer nützlich zu sagen, wie man etwas nicht tun soll. Somit will ich abschließend im Kapitel vier Einblicke geben und Maßnahmen nennen, die jeder, der aus der Dino-Welt stammt und sich mit Startups beschäftigen will, nutzen kann. Hier würde ich sogar behaupten, dass nahezu jeder profitieren kann, der an dem Thema Dino und Startup interessiert ist. Denn wenn es um die richtige Priorisierung, um das

Up-to-date-Bleiben, die Kontaktherstellung und Ähnliches geht, gibt es viele Ansätze, Quellen und Kanäle, die jeder kennen und nutzen sollte.

Letztlich soll mit diesem Buch auch ein Signal gesetzt werden, das über die Startup- und Corporate-Welt hinausgeht. Wir müssen es schaffen, dass beide Seiten noch mehr voneinander profitieren und Synergien nutzen. Insgesamt brauchen wir mehr Startup-Mindset und damit Entrepreneurship, sowohl im Mittelstand als auch in der gesamten Gesellschaft. Sowohl Dinos als auch Startups haben meiner Ansicht nach die Aufgabe, die Chancen zu nutzen und ein Aushängeschild zu werden.

BASICS ÜBER STARTUPS

„Startups sind in Firmen gegossene Innovationen."
– Florian Heinemann (Founding Partner, Project A Ventures)

#1

STARTUP ALS LIFESTYLE

Ein Startup-Unternehmer zu sein, ist das neue coole Ding. Wer in einem Szene-Hotspot wie Berlin lebt, kann schnell das Gefühl bekommen, jeder würde irgendwie am „nächsten großen Ding" bauen. Alle arbeiten digital, Cloud-basiert und in agilen Teams – oder reden zumindest darüber. Der Begriff Startup steht inzwischen für einen Lifestyle.

In den letzten Jahren haben einige außerordentlich erfolgreiche Menschen eine lange Reihe erfolgreicher Startups aufgebaut und groß gemacht. Ihre Geschichten geben dem ganzen Thema Auftrieb. So wie früher Topmanager wie Jack Welsh von General Electric oder Wendelin Wiedeking von Porsche ganzen Generationen von BWL-Studenten als Vorbilder dienten, werden heute charismatische Gründer verehrt. Sie stehen für einen neuen Typ Unternehmer, der authentisch auftritt und seine Story mit dem Publikum teilt.

Persönlichkeiten wie Lea-Sophie Cramer (Amorelie), Tarek Müller (About You) und viele weitere arbeiten hart für ihren Erfolg und haben es verdient, auf den Titelblättern von Magazinen und Zeitungen abgebildet zu werden. Solche Menschen sind vielseitig engagiert und oft bereit, viel von ihrer Erfahrung und dem Gelernten zurückzugeben. Nach ihrer aktiven Gründerzeit investieren sie meist in Startups und helfen mit ihrem Know-how und ihrem Netzwerk jüngeren Gründern auf den Weg. Die Expertise dieser „Knowledge Influencer" ist auch auf Fachveranstaltungen sehr gefragt. Davon können wir eigentlich nie zu viel haben.

Zu den schillerndsten Figuren der Szene gehören sicher Marc, Oliver und Alexander Samwer. Um die omnipräsenten „Samwer-Brüder" ranken sich viele spektakuläre Geschichten. Ihre ersten Erfolge feierten sie mit dem Klingelton-Anbieter Jamba und mit Rocket Internet bauten sie Ende der 2000er-Jahre unter anderem den Online-Händler Zalando auf. Fest steht, dass sie sehr viel für das Startup-Ökosystem in Berlin und ganz Deutschland getan haben und aktive Förderer des gesamten Startup-Umfeldes sind.

Nicht zuletzt hat die beliebte TV-Sendung „Höhle der Löwen" (Vox) dafür gesorgt, dass das Thema Startup mittlerweile auch auf der Fernsehcouch und am Stammtisch diskutiert wird. In der Show werben Gründer um Risikokapital für ihre Unternehmen. Prominente Investoren, die sogenannten „Löwen", beurteilen die Geschäftsmodelle. Vox strahlt 2020 bereits die siebte Staffel aus.

Persönlich kenne ich nur sehr wenige Leute aus der Startup-Szene, die die „Höhle der Löwen“ aufmerksam verfolgen. Es sei denn, man kommt selbst in einer Folge vor, dann wird am Abend der Ausstrahlung schon einmal eine rauschende Live-Übertragung gefeiert.

Letztlich handelt es sich um ein Unterhaltungsformat, das mit der Wirklichkeit nur wenig zu tun hat. Die Gründer nutzen die Sendung vor allem als Bühne, um ihre Produkte einem breiten Publikum vorzustellen. Diese Produkte richten sich meistens an Endkunden und werden in der Regel pünktlich zum Ausstrahlungstermin auf den Markt gebracht. Die „Löwen“ können sich ihrerseits als Personen des öffentlichen Lebens profilieren.

Viele Gründer träumen von schnellem Ruhm und Reichtum. Sie wollen am liebsten direkt nach der Uni gründen, schnell den Durchbruch schaffen und das Unternehmen nach kurzer Zeit zu einem hohen Preis verkaufen. Im schlimmsten Fall nehmen sie keine Rücksicht auf Verluste oder sogar Gesetze. Negativbeispiele wie ein bekanntes Umzugs-Startup, das mit aggressiven (und nicht ganz legalen) Methoden expandierte und dabei zig Millionen Euro in den Sand setzte, haben dem Ruf der Startup-Szene geschadet.

Ich möchte kein Spielverderber sein, aber doch etwas Realismus einbringen. In der wirklichen Welt hat es nur wenig mit Entrepreneurship zu tun, mit dem Laptop in einem hippen Café zu sitzen und an einer App-Idee zu basteln. Das tun zwar viele, aber nur selten entsteht daraus ein konkretes und tragfähiges Geschäftsmodell. Jedem angehenden Gründer muss klar sein, dass Erfolg in der Praxis niemals linear erfolgt, sondern immer durch Umwege, Ablenkungen und Tiefschläge gekennzeichnet ist (siehe Abbildung).

wie Leute denken, dass es aussieht

wie es wirklich aussieht

Inzwischen kann man jedoch in der Startup-Szene eine starke Professionalisierung beobachten. Während die erste relevante Gründerwelle in den eher „wilden" 2000er-Jahren noch durch Trial & Error geprägt war, legen heutige Gründer meist mehr Wert auf Details, entwickeln Verständnis für Technologie, gehen planmäßig vor und bauen systematisch Netzwerke auf.

#2

WAS EIN STARTUP IST

Es gibt verschiedene Definitionen von Startup. Ich sehe darin erst einmal eine „Problem Solving Entity". Das bedeutet, dass ein Startup immer bestrebt sein muss, ein spezifisches Problem zu lösen und so einen klar erkennbaren Wert für eine genau bestimmte Nutzergruppe zu schaffen. Außerdem steht ein Startup für schnelles Wachstum und das Prinzip der Anpassungsfähigkeit. Es geht darum, möglichst schnell herauszufinden, was wirklich gebraucht wird, was der Kunde will und wofür er zu zahlen bereit ist. Heute ist ein Startup in den überwiegenden Fällen eine „Born-digital Company", was nichts anderes bedeutet, als dass der Kern ihres Geschäftes auf einer digitalen Technologie beruht.

Nun kann man fragen: „Ist denn nicht jede Neugründung ein Startup?" Die Antwort lautet: Ja und nein. Jedes Unternehmen sollte grundsätzlich bestrebt sein, ein Problem zu lösen. Das Startup unterscheidet sich jedoch von klassischen Unternehmen durch seinen Anspruch auf Wachstum. Es gibt zwei Arten von Entrepreneurship, und damit auch zwei Arten von Startup-Unternehmen, die voneinander unterschieden werden sollten.

1) Kleine und mittlere Unternehmen (KMU) – Small Medium Entrepreneurship (SME)

Diese Unternehmen haben meist einen lokalen Schwerpunkt. Sie werden oft von nur einer Person gegründet oder als

Familienunternehmen und sind zum Beispiel im Einzelhandel oder im produzierenden Gewerbe tätig. Das Wachstum der KMU verläuft in der Regel linear. Die meisten dieser Unternehmen arbeiten mit wenig oder sogar keinem externen Kapital.

2) Innovationsgetriebene Startups - Innovation Driven Entrepreneurship (IDE)

Die Gründer sind ambitioniert und risikobereit, sie denken weit über das lokale Umfeld hinaus. Diese Unternehmer agieren im Team und bauen ihr Unternehmen auf Technologie oder neuartigen Geschäftsmodellen auf. Meist sind sie in der Digitalbranche aktiv. Schon für die ersten Schritte - etwa die Entwicklung der Kerntechnologie - sammeln sie in der Regel externes Kapital ein.

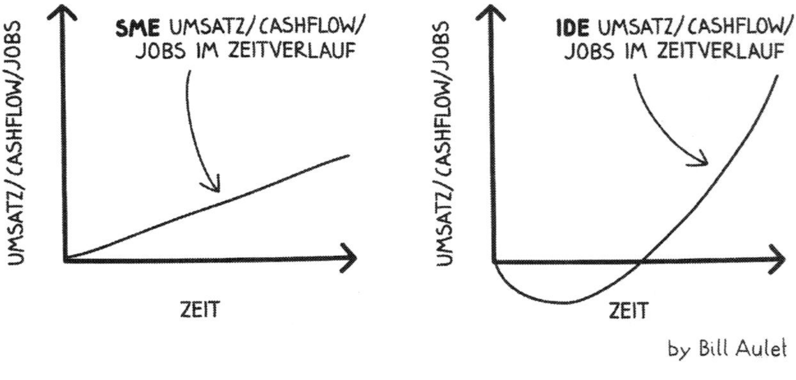

Ein weiterer Unterschied zwischen beiden Modellen liegt in ihrer Innovationskraft. Das KMU-Startup weist gar keinen oder bestenfalls einen niedrigen Innovationsgrad auf. Für die innovationsgetriebenen Startups hingegen ist die Neuartigkeit ihres Geschäftsmodells der Schlüssel zum Erfolg. Zu Beginn verbrennen sie oft Geld, in der weiteren Entwicklung weisen sie jedoch eine steile Erfolgskurve auf.

Deshalb sind innovationsgetriebene Startups gewissermaßen die „wirklichen" Startups. Wenn ich im Folgenden „Startups" thematisiere, dann meine ich diese.

An dieser Stelle möchte ich einige Worte zum Begriff Innovation verlieren. Der wird mittlerweile zwar beinahe inflationär benutzt, aber trotzdem immer noch allzu oft missverstanden. Um zu verstehen, worum es wirklich geht, schauen wir uns die folgende Formel an:

Innovation = Idee x erfolgreiche Vermarktung

Das bedeutet: Es ist keineswegs automatisch „innovativ", an einer Idee, einem Produktkonzept oder an Prototypen herumzuwerkeln. Erst wenn es gelingt, die Idee erfolgreich zu vermarkten bzw. zu monetarisieren, kann man im betriebswirtschaftlichen Sinne von einer Innovation sprechen. Der Knackpunkt ist die erfolgreiche Kommerzialisierung.

Anders ausgedrückt: „Ideas are shit – execution is the game." Eine Idee allein ist nichts wert! In diesem Sinne sind erfolgreiche Startups in ihrem Kern Katalysatoren, die Ideen in wertstiftende Produkte umwandeln.

Die grundsätzliche Stärke von Startups liegt in ihrem neuen Denken. Ihre zum Anfang überschaubare Größe schafft ihnen mehr Flexibilität und Denkfreiheit. Ihr Ziel ist es, zu wachsen, bestehende Strukturen zu verändern und Neues zu schaffen.

Möchte man den Wert eines Startups bestimmen, dann ist weniger der Wert des aktuellen Produktes entscheidend, sondern vielmehr der erwartete Wert der Produkte, die das

Unternehmen in Zukunft noch entwickeln kann. Eine Investition in ein Startup ergibt nur dann Sinn, wenn es das Potenzial hat, zu einer regelrechten Innovationsfabrik zu werden.

#3

DIE DREI PHASEN EINES STARTUPS

Ein Startup durchläuft im Wesentlichen drei Phasen. In jeder dieser Phasen geht es darum, eine ganz bestimmte Kernhypothese zu bestätigen und einen „Fit" zu erlangen, also die optimale Anpassung auf eine bestimmte Situation.

1) Problem-Solution-Fit

Ein Startup muss zuerst ein spezifisches Problem finden, das es zu lösen gilt. Dazu wendet man sich zum Beispiel einem Nischenmarkt zu oder einer besonderen Zielgruppe, die man sehr gut versteht. Ist das Problem gefunden, muss eine Lösung erarbeitet werden. Diese muss nicht unbedingt gänzlich neu sein. Es ist auch möglich, bereits existierende Elemente auf eine originelle Weise miteinander zu kombinieren. Sodass etwas entsteht, das es bisher nicht gab. Ich spreche hier von „kombinatorischer Intelligenz".

Interessanterweise scheitern viele Gründer nicht bei der Lösungsfindung, sondern bereits beim vorherigen Schritt: dem Auffinden eines wirklich spannenden und relevanten Problems.

Die Phase der Problemsuche kann lange dauern. Oft sind viele Anpassungen notwendig und man arbeitet wochenlang an Details. Es ist generell hilfreich, auf wissenschaftliche Studien, Praxis-Insights oder andere sekundäre Quellen zurückzugreifen. Gründer sollten aber auf jeden Fall auch eigene Untersuchungen und primäre Erhebungen im Feld durchführen. Dabei können Expertennetzwerke wichtige Unterstützung liefern.

Das Augenmerk sollte immer auf ganz bestimmten und spezifischen Marktsegmenten liegen. Ein Problem kann daher erst einmal nicht spezifisch und nischig genug sein. Allerdings sollte die dafür entwickelte Lösung auch später für andere Zielgruppen in Zweit- und Drittmärkten attraktiv werden. Nur dann ist späteres Wachstum möglich. Mit Blick auf die langfristige Strategie muss hier abgewogen werden zwischen einer möglichst passgenauen Lösung für eine ganz bestimmte Nische und dem Potenzial, in der Zukunft ein Problem für die ganze Welt zu lösen, auf der anderen Seite.

2) Product-Market-Fit

Glaubt man, ein Problem-Solution-Fit gefunden zu haben, dann gilt es, daraus ein Produkt zu entwickeln. Das kann ein physisches Produkt sein, aber auch ein digitaler Service oder Ähnliches. Dieses Produkt muss an die ausgewählte Zielgruppe vermarktet werden. Hier stellt sich die Frage: Wie verdient man jetzt Geld mit dem Produkt? Oder anders formuliert: Lässt sich daraus ein Geschäftsmodell entwickeln?

Verschiedene Wege führen zum Ziel, zum Beispiel der klassische Verkaufspreis oder das Abonnement, aber auch Leasing, Software as a Service (SaaS), Freemium und viele mehr. Bis ein Produkt tatsächlich markttauglich ist, vergehen in der Regel mehrere Monate. Sollten unterwegs radikale Änderungen am Produkt oder am Geschäftsmodell notwendig sein (hier spricht man oft von einem „Pivot", d. h. einer Veränderung in der Strategie bzw. im Geschäftsmodell, ohne die eigentliche Vision zu ändern), dann kann es auch mal schnell ein Jahr und länger dauern.

Ich nutze eine Daumenregel: Erreicht ein Startup innerhalb eines begrenzten Zeitraums, zum Beispiel von drei bis sechs Monaten nach Markteintritt, einen Umsatz von 100.000 Euro, dann liegt ein Product-Market-Fit vor. Auch die Konsumentenbegeisterung oder Wiederholungskäufe sind entscheidende messbare Größen. Im besten Fall steht am Ende der Phase Product-Market-Fit ein Killerprodukt. Erst wenn das erreicht ist, gilt es, das Unternehmen aufzubauen.

3) Product-Scale-Fit

Die meisten Startups beginnen jetzt mit einem kleinen Büro, und bauen mit ein paar Mitarbeitern quasi aus dem Stand ihre ersten Strukturen auf. Zum Beispiel benötigt man auch für einen kleinen Vertrieb eine IT-Infrastruktur sowie Abrechnungs- und Datenhaltungssysteme. Hat das Startup dann weitere Produkte verkauft und weitere vorzeigbare Umsätze eingefahren, wird es Zeit, zu wachsen.

Clevere Startups kümmern sich früh um die Lösung dieser Fragen und bauen ihr System auf modularen und skalierbaren Software-Systemen auf, die bei Bedarf schnell hochgefahren werden können.

Weitere Herausforderungen sind der Team- und Organisationsaufbau, die weitere Finanzierung und natürlich der ganz normale Alltagswahnsinn in einem (hoffentlich) schnell wachsenden Unternehmen.

In dieser letzten Phase ist es wichtig, dass die Gründer starke Unterstützer in der zweiten Reihe haben, die vertraut sind mit diesen Skalierungsthemen. Das können zum Beispiel erfahrene Risikokapitalgeber sein, die über das notwendige Know-how und Netzwerke verfügen. Sollte dies nicht möglich sein, sollten sich die Gründer entweder externe Mentoren suchen, die

Skalierungserfahrung haben, oder Manager, die solch ein Wachstum schon mitgemacht haben und wissen, wie man ein Unternehmen auf Größe bringt. Was den Zeitrahmen angeht, muss man hier von Jahren ausgehen. Mit jeder neuen Wachstumsrunde, also der Erschließung eines neuen Marktes, einer Produkterweiterung oder einer neuen Finanzierung dreht sich der Brummkreisel weiter.

Hat das Startup die Phase des Product-Scale-Fit erfolgreich erreicht bzw. durchlaufen, spricht man oft von einem Scaleup bzw. Grownup. Das soll bedeuten, dass sich das Geschäftsmodell als tragfähig und funktionierend erwiesen hat. Jetzt geht es um Wachstum (siehe Abbildung).

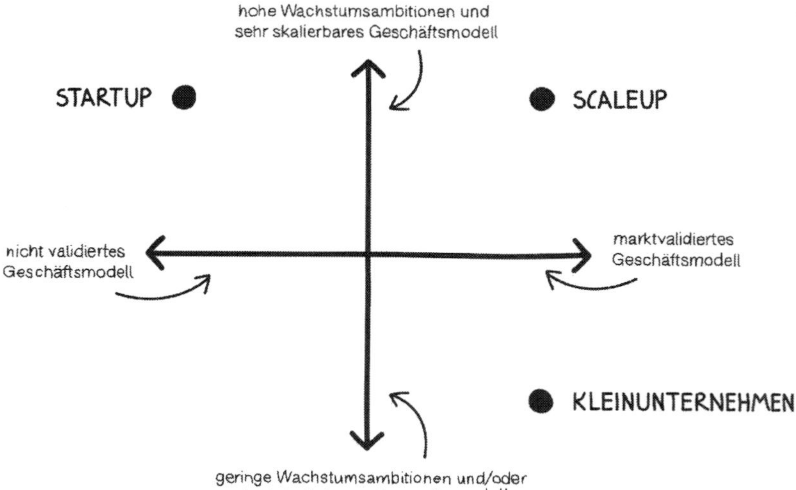

Zusammengefasst und angelehnt an den Lean-Startup-Ansatz dienen die ersten beiden Phasen eines Startups dazu, die Nutzenhypothese zu finden und zu bestätigen. Die letzte Phase fokussiert die Wachstumshypothese.

#4

VOM PRETOTYP ÜBER MVP ZUM PRODUKT

Während das Startup nach einem validen und erfolgreichen Geschäftsmodell sucht und dabei die drei beschriebenen Phasen durchläuft, geht das Produkt bzw. Angebot ebenfalls durch mehrere Entwicklungsstufen.

Ich unterscheide zwischen Pretotyp, Prototyp, Minimum Viable Product (MVP) und dem fertigen Produkt. Was diese Stufen unterscheidet, möchte ich mit einer einfachen Analogie verdeutlichen: der Entwicklung eines Donuts (siehe Abbildung).

Der erste und einfachste Schritt der Produktentwicklung ist der Pretotyp. Dieser Begriff wurde von Alberto Savoia geprägt. Gemeint ist ein vorläufiges Konzept des zukünftigen Produkts, zum Beispiel eine Skizze, ein Mockup oder Ähnliches. Das kann potenziellen Endnutzern vorgestellt werden, die damit probeweise interagieren und Feedback geben. Der Pretotyp erfüllt nur einen Zweck: Er soll zeigen, worum es eigentlich geht. Man könnte zum Beispiel ein Bild eines Donuts malen oder das Rezept vorstellen.

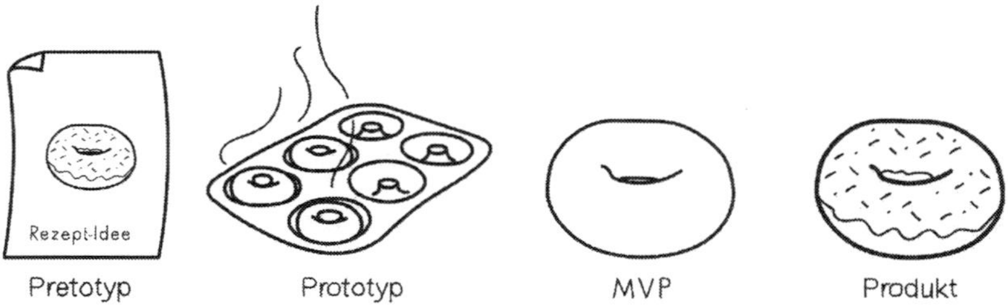

Der Prototyp hingegen ist ein vereinfachtes, aber bereits anfassbares Modell des geplanten Produkts. Um beim Beispiel zu bleiben: Wird der erste Teig angerührt, abgeschmeckt und in den Ofen gesteckt, dann entsteht der Prototyp des Donuts. Dieser Dummy bietet einen ersten greifbaren – in diesem Fall sogar essbaren – Eindruck.

Diese beiden Stufen einer Produktentwicklung sind grundsätzlich der Phase Problem-Solution-Fit zugeordnet. Das heißt für den Donut: für das konkrete Problem „Hunger" wurde eine geeignete Lösung gefunden, nämlich eine sättigende und süße Mahlzeit, die unterwegs verspeist werden kann.

Mit dem Prototyp können erste Annahmen getestet werden, um das Produkt weiter zu verbessern. Notwendige Anpassungen lassen sich schnell vornehmen. Bestätigt der Nutzer die Annahmen, geht es in die Phase des Product-Market-Fits.

Hier wird erstmals ein richtiges Produkt entwickelt: das Minimum Viable Product (MVP). Es enthält bereits alles, was unbedingt notwendig ist. Es ist auf die Grundfunktion beschränkt, kann aber am Markt getestet werden.

Für unseren Donut hieße das, dass die Rezeptur feststeht. Außerdem sind zum Beispiel Zulassung und Verpackung vorhanden, Preis und Absatz sind initial geklärt. Nun kann er Personen aus der Zielgruppe angeboten werden, die hoffentlich hineinbeißen wollen.

Sind genügend Endnutzer vorhanden, die das Produkt kaufen und konsumieren möchten, war das MVP erfolgreich. Nun geht es darum, das Kernprodukt weiterzuentwickeln und unter Umständen mit weiteren Funktionen anzureichern. Das können Funktionsgruppen sein, die in der Herstellung aufwendiger sind. Der Fantasie sind keine Grenzen gesetzt.

Im Fall des Donuts kann es zum Beispiel verschiedene Topping-Varianten geben, Füllungen oder originelle Kombinationen aus beidem. Alles sollte dazu dienen, eine relevante Kundenbegeisterung zu schaffen und ein signifikantes Wachstum zu erzeugen.

Insgesamt schätze ich, dass von 100 Produktansätzen im Problem-Solution-Fit nur etwa die Hälfte in die nächste Phase kommt. Es ist und bleibt aus meiner Sicht eine der größten Herausforderungen, ein geeignetes Problem zu finden. Denn das Problem muss groß genug sein, um das MVP in einem spitzen, aber attraktiven Eintrittsmarkt erfolgreich vermarkten zu können.

Auch in der Phase des Product-Market-Fits ist die Auslese hart. Hier schaffen es maximal die Hälfte der Startups. Letzten Endes durchlaufen wohl nur etwa fünf von 100 gestarteten Unternehmen alle Phasen erfolgreich und werden damit zu Grownups bzw. Scaleups. Davon schaffen es dann im besten Fall ein bis zwei, zu wirklich wertvollen und relevanten Unternehmen heranzuwachsen.

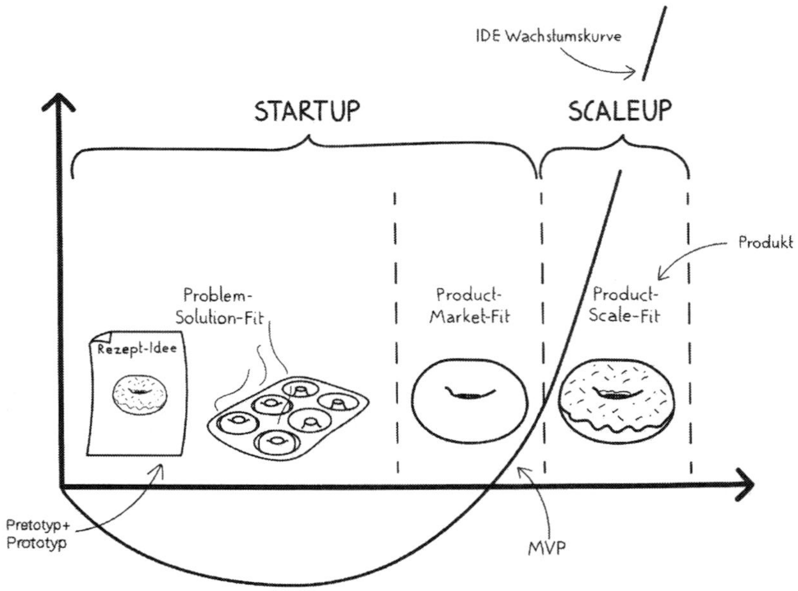
IDE Wachstumskurve
STARTUP
SCALEUP
Produkt
Problem-
Solution-Fit
Product-
Market-Fit
Product-
Scale-Fit
Rezept-Idee
Pretotyp+
Prototyp
MVP

#5

PERSÖNLICHKEITEN UND CHARAKTERE

Was sind das eigentlich für Leute, die ein Startup gründen und sich die viele Arbeit und den Stress antun? Im Startup-Kontext und auch allgemein muss man zwischen Gründer, Unternehmer, Manager und Entrepreneur unterscheiden.

Ein Gründer ist jeder, der eine Unternehmung gründet – sowohl im KMU- als auch im innovationsgetriebenen Bereich. Bei KMU steht hier der formale Akt im Vordergrund. Eröffnet jemand zum Beispiel eine kleine Agentur oder ein Café, spricht man in Deutschland auch von einem Gründer oder Existenzgründer.

Die Bezeichnung Unternehmer ist im Deutschen immer noch sehr eng mit klassischen deutschen Unternehmerpersönlichkeiten wie Adolf Würth oder Werner Otto verbunden, die riesige Unternehmen aufgebaut haben. Heute steht der Begriff Unternehmer für Persönlichkeiten, die mehrere Geschäftsaktivitäten betreiben und vielseitig aktiv sind.

Ein Manager ist eine Person innerhalb einer Organisation, die sich um die Führung von Menschen kümmert und dabei Abläufe, Prozesse etc. managt. Dies ist eine dominierende Gattung sowohl in Unternehmen als auch in Grownups.

Ein Entrepreneur ist vom Grundsatz her ein moderner Unternehmer. Doch im Gegensatz zu den klassischen Unternehmern ist er nicht unbedingt daran interessiert, sein Unternehmen über Jahrzehnte hinweg zu führen und weiterzuentwickeln.

Ein Entrepreneur möchte etwas Neues schaffen. Das englische Wort geht auf das französische *entreprendre* zurück, was so viel wie „etwas unternehmen" oder „in die eigenen Hände nehmen" bedeutet und damit sehr gut auf den Punkt bringt, worum es geht.

Ein innovationsgetriebener Entrepreneur ist von Ideen geradezu besessen und sieht in ihrer Verwirklichung keinen bloßen Job, sondern eine Berufung. Der Multiunternehmer Gary Vaynerchuk („Gary V") sagt dazu: „An Entrepreneur loves the journey – not the stuff." Er meint, dass ein Entrepreneur gar nicht anders kann, als sein eigenes Ding zu machen und permanent etwas Neues zu erschaffen. Der Entrepreneur ist also eher der Angreifer, der mit neuen Ideen auf den Markt geht und bestehende Strukturen infrage stellt.

„An Entrepreneur does more than anyone thinks is possible with less than anyone thinks is possible." – John Doerr

In der heutigen Geschäftswelt werden die meisten Entrepreneure spätestens in der Wachstumsphase durch ein starkes Management und Spezialisten ergänzt oder sogar ersetzt. Ein bekanntes Beispiel ist Google: Fünf Jahre nach der Gründung, mitten in der Wachstumsphase, trat mit Eric

Schmidt ein erfahrener Manager an die Seite der beiden Gründer, um sie aktiv zu unterstützen.

Nichtsdestotrotz prägt die Persönlichkeit eines Gründers letztlich das gesamte Unternehmen. Auch als Angestellte können Entrepreneure mit ihrer Persönlichkeit das Unternehmen noch prägen, wenn es schon sehr groß geworden ist, wie zum Beispiel Steve Jobs bei Apple. Dieses Phänomen kann man auch bei deutschen Familienunternehmen erkennen, die durch die Unternehmerpersönlichkeit meist stark geprägt sind.

Mein Fokus soll vor allem auf dem Entrepreneur liegen. Denn seine Eigenschaften sind für die Corporates am relevantesten und beeindruckendsten. Jene Startups, die es tatsächlich schaffen, zu einem wertvollen Unternehmen zu werden, sind fast immer von solchen Persönlichkeiten gegründet und aufgebaut worden. Welche Eigenschaften zeichnen also einen erfolgreichen Entrepreneur aus?

Für Bill Aulet ist ein Entrepreneur im Idealfall mit zwei Charaktereigenschaften ausgestattet, die in einem Spannungsverhältnis zueinander stehen (siehe Abbildung). Einerseits die eines Piraten, nämlich Kreativität, Inspiration, Verrücktheit und Weitblick. Und auf der anderen Seite die Umsetzungsstärke, Zielstrebigkeit, Präzision und Geschwindigkeit eines Navy Seals.

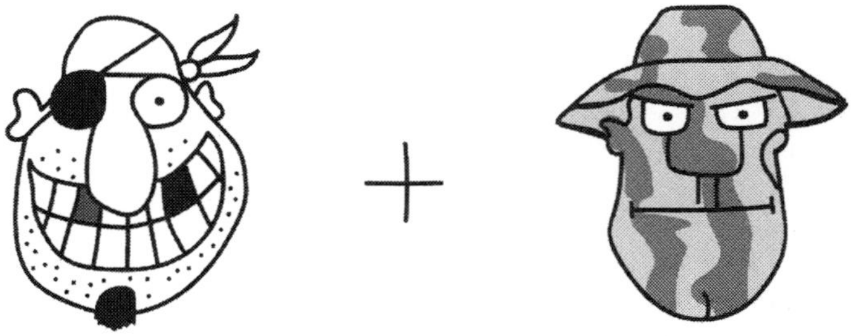

SPIRIT eines Piraten + **SKILL** eines Navy Seals

by Bill Aulet

In Berlin habe ich oft das Gefühl, dass wir zu viele Piraten haben. Also die Leute, die kreativ und wild an ihren Ideen arbeiten und viel darüber reden, denen es aber am Ende an Umsetzungsstärke und technischer Kompetenz fehlt.

Auf der anderen Seite sehe ich auch viele erfahrene Geschäftsleute, zum Beispiel ehemalige Unternehmensberater, die ein sehr gutes Umsetzungs-Skill-Set mitbringen und bestehende Geschäftsmodelle stringent umsetzen. Denen mangelt es jedoch nicht selten an Startup-Mindset und Kreativität.

Beides allein funktioniert also nicht sehr gut. Deshalb sollte man diese beiden Eigenschaften verbinden, wenn nicht in einer Person, dann in einem Team.

Woran erkennt man einen Entrepreneur? Entrepreneure haben üblicherweise kein spezifisches Know-how oder Kompetenzen in einem dedizierten Themenfeld. Sie sind eher breit aufgestellt und glänzen vor allem mit Umsetzungskompetenz. Ihre Lebensläufe sind selten linear. Manchmal haben sie sogar eher schlechte Noten in Schule und Studium gehabt. Die Gründung eines Startups erfolgt in der Regel über Umwege und weniger nach einem klaren Plan.

Neue Studien (aus den USA) haben gezeigt, dass die erfolgreichsten Entrepreneure und Startup-Unternehmer um die 40 Jahre alt sind. Das hat vermutlich etwas mit Lebenserfahrung und Persönlichkeitsentwicklung zu tun.

Nur sehr selten wird das erste Startup sofort ein Erfolg. Es braucht mehrere Anläufe und teils schmerzhafte Erfahrungen (wie es nicht geht), bis es letztlich irgendwann gelingt. Hier trennt sich dann oft der Entrepreneur vom Gründer. Ein Gründer, der scheitert, geht schnell wieder in seinen alten Job zurück. Ein Entrepreneur wird immer dranbleiben und letztlich irgendwann die Nuss knacken.

Einzelkämpfer oder Teamplayer? Im Bereich der „klassischen" KMU kenne ich viele Solo-Entrepreneure, die mit einfachen, aber smarten Ansätzen in ihrer Nische sehr erfolgreich agieren. Wer zum Beispiel Social-Media- und Content-Marketing nutzt, kann die Aufmerksamkeit auf die eigene Person lenken und damit Geld verdienen. Solche Geschäftsmodelle sind aber in der Regel nicht skalierbar.

Wenn es um innovationsgetriebene Startups geht, ist ein Orchester jedoch erfolgreicher als ein Solist. Ein starkes, gut funktionierendes Team besteht erfahrungsgemäß aus zwei bis vier Personen, die sich in ihren Kompetenzen und Charaktereigenschaften komplementär ergänzen. Im besten Fall haben sie auch vorher schon einmal in irgendeiner Form zusammengearbeitet und wissen daher, dass sie in dieser Konstellation gut zusammenpassen. Wie viel einschlägige Erfahrung die Leute im Einzelnen haben, spielt aus meiner Sicht allerdings eine eher untergeordnete Rolle. Wichtiger ist das Potenzial, das sie mitbringen.

Meines Erachtens gibt es nach wie vor viel zu wenig Frauen, die Unternehmen gründen und als Entrepreneure tätig sind. Zwar ist das Verhältnis in den letzten Jahren ausgewogener geworden, aber die Gesellschaft braucht noch mehr Frauen, die den Schritt in die Gründung wagen. Persönlich habe ich das Gefühl, dass viele Männer im Startup-Business stark in den Kategorien Wettbewerb und Profilierung denken – also eher gegeneinander arbeiten. Frauen hingegen unterstützen sich gegenseitig und reden offener.

Studien haben gezeigt, dass Frauen mehr Wert auf ihre sozialen und persönlichen Werte legen und daher weniger dem Ellenbogen-Denken verhaftet sind, das in vielen Bereichen der Business-Welt noch vorherrscht.

Letztlich erlebe ich immer wieder, dass Entrepreneure und Startup-Unternehmer irgendwie aus der Norm fallen. Natürlich positiv. Ein Blick in die Lebensläufe zeigt, dass sie sich meist schon früh vielseitig interessiert und engagiert haben. Dazu haben sie unterschiedliche Erfahrungen gesammelt und damit ein eigenes Selbstbild entwickelt. Hier passt dann gut ein Zitat von Peter Thiel: „Wahres Querdenken besteht nicht darin, gegen den Strom zu schwimmen, sondern darin, selbständig zu denken."

#6

ÜBERHEBLICHKEIT UND GEFÜHLSZUSTÄNDE

Jeder Entrepreneur und jedes Gründerteam muss in der Lage sein, Widerstände zu überwinden. Dazu braucht es neben einer ordentlichen Dosis Optimismus und Selbstvertrauen vor allem eines: Lernbereitschaft.

Leider beobachte ich in letzter Zeit bei Startup-Gründern nicht selten eine gewisse Art Arroganz. Wenn zum Beispiel ein Startup, das gerade einmal die Marke von 1.000 Euro initialen Umsatz geknackt hat, einem Corporate alle Kompetenz abspricht und dann womöglich noch spöttisch voraussagt, in ein paar Jahren würde es solche Unternehmen ohnehin nicht mehr geben, dann ist das fehl am Platze. Umso mehr, wenn das Corporate ein potenzieller Partner sein könnte.

Startups und Entrepreneure, die so denken, werden es immer schwer haben. Nicht nur, weil man sich mit Überheblichkeit keine Freunde macht. Sondern auch, weil solche Selbstüberschätzung in der Regel mit fehlender Offenheit einhergeht. Die führt zu geringer Lernbereitschaft, im schlimmsten Fall zu völliger Beratungsresistenz. Gute Entrepreneure hingegen hören zu und stellen viele Fragen. Sie sind dankbar für jeden Hinweis und lernen auf diese Weise wahnsinnig schnell dazu.

Diese Fähigkeiten sind insbesondere in schweren Zeiten gefragt. Und die gibt es im Startups-Lebenszyklus häufiger, als es mitunter von außen den Anschein hat. Ich habe schon alles erlebt, was an emotionalen Zuständen möglich ist. Von euphorischer Partystimmung nach einer erfolgreichen Finanzierungsrunde oder einem gewonnenen Pitch-Preis bis hin zu tiefer Verzweiflung und nackter Angst, weil das Geld ausgeht und die Anschlussfinanzierung ins Stocken geraten ist. Gerade während der Corona-Krise kam letzteres häufig vor.

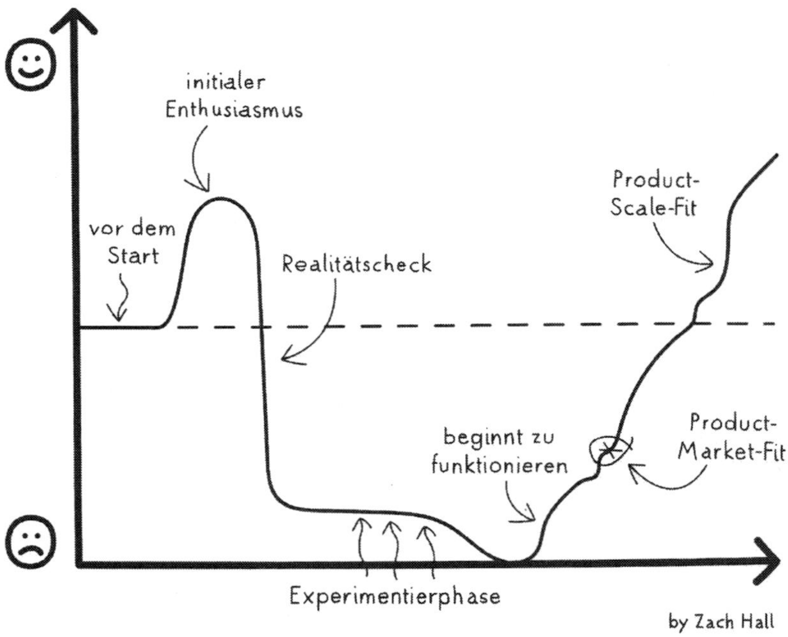

Diese unterschiedlichen Emotionen, Einstellungen, Stimmungen und Gefühlszustände lassen sich sehr gut über die Startup Curve veranschaulichen (siehe Abbildung). Diese Grafik hilft zu verstehen, wie die Menschen in einem Startup während der verschiedenen Entwicklungsphasen ticken, denken und handeln.

Die Reise beginnt in einem relativ „ausgeglichenen" Gefühlszustand. Der Enthusiasmus steigt in der Frühphase fast immer an. Das Startup glaubt, die perfekte Lösung für ein Problem gefunden zu haben. Jetzt muss es darum gehen, möglichst schnell die Weltherrschaft an sich zu reißen, richtig? Leider falsch. Denn allzu oft zeigt sich schon in der Produktentwicklung und bei der Suche nach dem Product-Market-Fit, dass die Wirklichkeit etwas anders aussieht. Nach dem ersten Peak fällt die Stimmungskurve deutlich ab.

Nun beginnt die wirkliche Arbeit. Durch Experimente und notwendige Anpassungen (ggf. auch Pivots) verbessert das Team das Geschäftsmodell. Kleine Erfolge stellen sich ein. Langsam aber stetig geht es (dann irgendwann) bergauf. Doch erst, wenn der Product-Market-Fit erreicht ist und das Startup in die Phase der Skalierung übergeht, hellt sich die Stimmung rasant auf. Bis zu dem Punkt, an dem alles wirklich funktioniert.

Der Weg dahin kann jedoch lang sein und äußert kräftezehrend. Deshalb schaffen es nur die wenigsten Startups bis zum Ende. Viele geben während des Absturzes nach der Euphoriephase auf. Das ist der Punkt, an dem aus Spaß und sorglosem Startup-Lifestyle plötzlich echte, harte Arbeit wird. Dann wird klar, dass echtes Unternehmertum bedeutet, auch tiefe Stürze zu überleben.

Ein Zitat des Softwareentwicklers und Unternehmers Marc Andreessen fasst diese Achterbahnfahrt perfekt zusammen: „You only ever experience two emotions: euphoria and terror. And I find that lack of sleep enhance them both." Im Startup beziehungsweise als Entrepreneur gibt es demnach überwiegend „Euphorie oder Terror" – dazwischen bleibt nur wenig Platz für emotionalen Normalzustand.

#7

MOTIVATION DER STARTUP-GRÜNDER

Viele fragen mich oft, was Gründer motiviert, diesen herausfordernden Weg zu gehen. Viele Unsicherheiten, extrem viel Arbeit, teilweise hochemotionale Phasen und letztlich ein unsicherer Ausgang. Wer tut sich das freiwillig an und warum?

Wichtig ist eingangs zu unterscheiden, wie eine Person zur Gründung kommt. Hier gibt es im Wesentlichen zwei Typen:

Auf der einen Seite gibt es Menschen, die sich zuerst dafür entscheiden, ein Startup zu gründen, und sich dann auf die Suche begeben nach einer interessanten Produktidee (eine sogenannte Company-First Company). Auf der anderen Seite gibt es Gründer, die ein bestimmtes Problem erkennen, dafür eine Lösung entwickeln und darauf dann ein Unternehmen aufbauen (eine Product-First Company).

Der zweite, organische Ansatz ist sicherlich spannender und verdient eine genauere Betrachtung. Wenn wir es etwas weiter herunterbrechen, lassen sich fünf Motivationstypen ins Feld führen (zwischen denen es im echten Leben sicher Schnittmengen gibt):

1) Der Visionär hat eine Vorstellung von der Zukunft, erkennt bedeutende Probleme und will Lösungen dafür finden. So jemand verspürt Leidenschaft für das, was er tut und will möglichst viele Menschen auf seinen Weg mitnehmen.

2) Der Missionar hat eine Mission und möchte die Menschen vor negativen Erfahrungen bewahren. Vielleicht hat er auch selbst schlechte Erfahrungen gemacht. Leider haben es solche Entrepreneure oft schwer, Geld mit ihren Vorhaben zu verdienen, auch wenn sie sich eine anerkennenswerte Aufgabe suchen.

3) Der Goldgräber wird durch Markt- und Business-Opportunitäten getriggert bzw. getrieben. Er ist inspiriert von Erfolgsbeispielen anderer Gründer, die es zum Beispiel durch einen Exit zu Millionen gebracht haben. Sie streben nach finanzieller Unabhängigkeit und wollen im besten Fall reich werden.

4) Das Arbeitstier ist ein Workaholic, der sich in der Freiheit des Unternehmertums am besten aufgehoben fühlt. Ein solcher Mensch lässt sich nur schwer kontrollieren und schon gar nicht vor einen Wagen spannen, der nicht sein eigener ist. Zum Teil ist die Leidenschaft der Treiber, zum Teil das Geld.

5) Der Mitschwimmer ist ein Lifestyle-Entrepreneur. Er ist dabei, weil es gerade hipp und angesagt ist, ein eigenes Startup zu gründen. Dem Mitschwimmer fehlen in der Regel das notwendige Interesse, aber auch der Biss und die Fähigkeit, zuzuhören und von anderen zu lernen.

Diesen verschiedenen Gründertypen steht eine große Masse von Menschen gegenüber, die zwar gerne gründen würden, sich aber nicht dazu durchringen können, es zu tun. Sie liebäugeln mit dem Thema, haben vielleicht auch die eine oder andere Idee, gehen aber letztlich nicht den initialen Schritt zum Aufbau von etwas Eigenem.

Allen Aktiven oder Menschen, die sich mit dem Thema Startup beschäftigen, soll an der Stelle nochmal gesagt sein, dass es viel zu gewinnen und wenig zu verlieren gibt. Klar muss auch sein, dass eine gute Idee allein noch keinen guten Unternehmer macht. Erfolg entsteht durch Fleiß, Mut und dadurch, dass man für seine Idee kämpft.

Hat man eine geeignete Opportunität entdeckt, tatkräftig an der Umsetzung gearbeitet und sich letztlich in seinem Marktsegment eingegraben, wird man mit höherer Wahrscheinlichkeit Erfolg haben. Oder in den Worten des US-amerikanischen Philosophen Ralph Waldo Emerson: „Oberflächliche glauben an Glück und Zufall. Tatkräftige glauben an Ursache und Wirkung."

Um herauszufinden, welche Motivation ein Gründer oder ein Startup-Team hat, stelle ich gern die „Endgame"-Frage: Was definieren die Gründer als ihr Endziel? An welchem Punkt werden sie das Ende ihrer Reise erreicht haben? Oft merkt man hier, wer welche Motivation hat und bereits ein klares Ziel verfolgt – und wer diese wichtige strategische Entscheidung noch zu treffen hat.

#8

BEWERTUNG VON STARTUPS

"Jedem Investor ist heute klar, dass eine richtig gute Idee am Anfang nach einer schlechten Idee aussehen kann."
– Marc Andreessen

Die Bewertung von Startups ist eine Pseudo-Wissenschaft für sich. Das Thema ist sehr komplex. Da ich selbst kein ausgewiesener Experte bin, das Thema aber irgendwie jeden interessiert, möchte ich hier ein paar Grundzüge beschreiben und etwas ausführlicher darlegen. Damit soll das Thema verständlicher und greifbarer werden.

Das Problem bei der Bewertung von Startups ist, dass klassische Ansätze für Unternehmensbewertungen wie Discounted Cashflow oder ähnliche Verfahren nicht funktionieren. Zuverlässige, betriebswirtschaftliche Methoden sind kaum möglich, da meist noch wenig vorhanden ist, was bewertet werden könnte. Das gilt insbesondere in der Frühphase eines Startups.

Wenn in einer frühen Entwicklungsphase eine Bewertung erstellt werden muss, ist es besser, ein paar Grundlagen anzulegen, anstatt Voodoo zu betreiben. In späteren Phasen wird die Bewertung einfacher, da mehr Zahlen und Substanz vorhanden sind, die als Basis herangezogen werden können. Nichtsdestotrotz kann es in den finalen Finanzierungsrunden zu wochenlangen Diskussionen kommen, bei denen das

Gründerteam und bestehende Investoren mit potenziellen neuen Investoren um die richtige Bewertung ringen. Das verwundert kaum, möchte doch jeder möglichst viel für sein Geld bekommen.

Hier wird auch deutlich, was Investments in Startups von Mergers & Acquisitions (M&A) unterscheidet. Bei M&A-Transaktionen geht es zum Beispiel um Fusionen oder Betriebsübergänge. Dabei ist in der Regel eine viel bessere Bewertungsgrundlage vorhanden, auf Basis des bereits vorhandenen Geschäfts, der Kennzahlen, der Assets und ähnlicher Faktoren. Der wirkliche Wert eines Startups wird sich hingegen meist erst in acht oder zehn Jahren beziffern lassen, unter Umständen noch später.

Für eine erste Annäherung eignet sich eine qualitative Heuristik, die sich aus den folgenden High-Level-Kategorien zusammensetzt:

1) Problem
2) People (Team)
3) Product (Added Value)
4) Market (Potential)

Ausgangspunkt ist wieder das Problem, oder vielmehr die Identifizierung des richtigen Problems, das eine spezifische Nutzergruppe hat. Ist dieses Problem es Wert, darauf eine Unternehmung zu bauen? Hier sind für mich die folgenden Parameter wichtig:

1) Handelt es sich bei dem Problem um einen spontanen Trend (Eintagsfliege) oder um eine länger anhaltende Entwicklung? Von kurz aufkommenden Trends rate ich grundsätzlich ab. Sogenannte Evergreen Markets, die

man mit Google Trends identifizieren kann, sind hingegen ein sehr guter Start.

2) Die Dringlichkeit des Problems sollte hoch sein. Oder anders ausgedrückt: Das Pain-Level der jeweiligen Nutzer muss bereits einen gewissen Grad erreicht haben, sodass sie nach einer Lösung suchen und ein passendes Produkt annehmen werden.

3) Das Problem sollte möglichst wiederkehrend sein oder zumindest eine gewisse Häufigkeit aufweisen. Eine Lösung für ein Problem zu suchen, das nur einmal im Leben oder höchstens alle zehn Jahre einmal auftritt, ist wenig ratsam.

4) Das Problem verschärft sich oder gewinnt anderweitig an Relevanz. Es kann auch vorkommen, dass die Lösung eines Problems an anderer Stelle ein neues Problem schafft, das dann wieder gelöst werden muss.

5) Die Lösung des Problems muss einen gewissen Grad an Wert haben, also möglichst „teuer" sein. Es ergibt keinen Sinn, sich mit Problemen von Nutzern zu beschäftigen, die kein Geld für die Lösung haben. Die Ausnahme sind Social-Business-Startups, die genau auf diesen Bereich ihren Schwerpunkt legen. Die werden dann aber auf andere Weise finanziert.

Der zweite wichtige Punkt ist das Team bzw. Gründerteam. Die Gründer müssen in der Lage sein, Dinge schnell umzusetzen und sich dabei von einer klaren Vision leiten lassen. Auch die Erfahrung spielt eine wichtige Rolle. Im besten Fall haben die Leute schon vorher erfolgreiche Gründungen durchgeführt.

Beim Produkt geht es um viel mehr als die Idee, denn die ist meist am wenigsten wert. Wie bereits erläutert, geht es um das Problem, das für eine Nutzergruppe konkret gelöst wird. Hinzu kommt die Marktsituation. Das Produkt muss im besten Fall zehnmal besser sein als das bestehende Best-in-Class-Produkt. Hier spricht man vom 10x-Faktor. Das mag ambitioniert sein. Doch liegt der Wert nur bei fünf oder darunter, wird es das Startup über kurz oder lang kaum schaffen.

Der vierte Punkt ist die Marktgröße bzw. das Marktpotenzial. Ähnlich wie es in der Immobilienbranche immer auf die Lage ankommt, geht es im Venture-Capital-Bereich um Marktgröße, Marktgröße und nochmals Marktgröße. Die Besonderheit für Startups ist, dass sie möglichst „spitz" beginnen sollten, also ein kleines Marktsegment als Eintrittsmarkt nutzen. Man spricht auch vom sogenannten Beachhead Market. Entscheidend sind aber der Zweit- und Drittmarkt. Dort sollten möglichst große Potenziale liegen.

Der Eintrittsmarkt sollte nicht weniger als 100 Millionen Euro insgesamt an Potenzial aufweisen, sonst besteht die Gefahr, dass sich die Nische als zu klein herausstellt. Der Gesamtmarkt inklusive Zweit- und Drittmärkten sollten bestenfalls ein Potenzial von mehreren Milliarden Euro haben. Diese Punkte sollten Kernbestandteile eines jedes Erstgespräches oder Pitchdecks sein.

Wozu muss man den Wert eines Startups überhaupt bestimmen? Eine Bewertung ist besonders in den verschiedenen Finanzierungsrunden eines Startups von Bedeutung. Hier eine kurze Übersicht zu den verschiedenen relevanten ersten Stufen sowie den ungefähren Volumen:

Grobe Phase	Finanzie-rungsrunde	Höhe des Kapitals, das eingesammelt wird (ca.)	Worin wird schwerpunkt-mäßig investiert?
Seed & Angel Stage	Pre-Seed	bis 500 T EUR	Entrepreneur & Team
Seed & Angel Stage	Seed	500 T - 2 Mio. EUR	Idee (Problem-Solution-Fit)
Growth	Series A	2 - 5 Mio. EUR	Traction (Product-Market-Fit)
Growth	Series B	5 - 15 Mio. EUR	Umsatz (Product-Scale-Fit)
Growth	Series C	15 Mio. EUR +	u. a. Unit Economics
Growth	...		

Ich möchte anmerken, dass diese Übersicht nur als grobe Orientierung gelten kann. Es gibt deutliche Unterschiede zwischen den jeweiligen Verticals wie auch in der Gesamtentwicklung. Das galt vor der Corona-Krise vor allem mit Blick auf das „billige Geld". Aber es gilt auch weiterhin bezüglich des aktuellen Anlagedrucks von Kapital.

Dieser Anlagedruck führt aktuell dazu, dass immer schneller neue Finanzierungsrunden aufgelegt werden und auch deren Höhe stetig wächst. Mitunter hört man von Seed-Runden zwischen drei und fünf Millionen Euro. Noch ist unklar, wie sich diese „Risikovermeidung“, die durch die Corona-Krise motiviert ist, auf all die Bewertungsaktivitäten in Summe auswirken wird.

Feststeht, dass es eine gewisse Korrektur der Bewertungen geben wird. Und sicher kommt auch die eine oder andere Marktbereinigung. Auf jeden Fall schafft die Krise unzählige neue Opportunitäten. Das wiederum bedeutet, dass viele neue Startups entstehen werden – und damit auch relevante Investmentmöglichkeiten.

Nach den Grundlagen und Ebenen zur Startup-Bewertung hier noch ein paar weitere Anhaltspunkte, die eine Rolle spielen. Dabei soll es darum gehen, welche Eigenschaften, Metriken etc. Einfluss auf die Bewertung haben bzw. für diese herangezogen werden. Auch hier muss ich wieder bewusst verallgemeinern. In der Praxis muss jeder Case individuell betrachtet werden.

1) Multiple (Multiplikator) auf den Umsatz

Sofern Umsatz vorhanden ist, spielt dieser eine zentrale Rolle. Hier muss unterschieden werden zwischen Innen- und Außenumsatz, brutto und netto etc. Wichtig ist, dass nicht Äpfel mit Birnen verglichen werden.

Besonders spannend ist ein wiederkehrender Umsatz (Recurring Revenue, zum Beispiel pro Jahr als Annual RR bezeichnet) und Wiederholungskäuferquoten, da man darin eine Bestätigung der Qualität und des Nutzens erkennen kann. Zusätzlich ist beim Umsatz die Nähe zum Kunden wichtig, denn je näher der Umsatz am Kunden generiert wird, desto besser ist in der Regel die Marge.
Ein weiterer Parameter ist die Wachstumsquote. Diese unterscheidet sich sowohl entsprechend der Art des Geschäfts (SME vs. IDE) als auch der aktuellen Phase (P-M-Fit, P-S-Fit).

Natürlich sind dreistellige Wachstumsraten ein Traum, aber realistischer sind zweistellige oder auch manchmal einstellige Wachstumsraten. Zusätzlich ist es immer ratsam, für die genannten Metriken Vergleiche mit anderen Geschäftsmodellen oder durchgeführten Finanzierungsrunden durchzuführen, die ähnlich funktionieren. Wichtig ist, dass immer klar ist, auf welchen Umsatz bzw. welche Kennzahl das Multiple gerechnet wird.

Die Spannbreite variiert, wie gesagt, stark: Vom 1- bis 5-fachen Umsatz im E-Commerce-Bereich bis hin zum 10- bis 25-fachen im FinTech-Umfeld. Einen Link zu einer Multiple-Übersicht habe ich auf www.dinotrifftеinhorn.de eingefügt.

2) Zusammensetzung des Cap Table

Beim Cap Table (Capitalization Table) geht es darum, wer aktuell mit welchen Anteilen am „Verteilungstisch" sitzt. In der schriftlichen Aufstellung finden sich alle Beteiligungen am Startup inklusive der Bewertung und der Vermögenswerte des Unternehmens.

Im Bewertungsfall stellt sich die Frage, welche Verteilung Sinn ergibt und wie viele Anteile in der Runde das Startup abgeben kann. Wie hoch darf die Verwässerung ausfallen, also das Abschmelzen der Anteile für die Gründer und Bestandsinvestoren? Wie viel wollen die neuen Investoren die Gründer auch verwässern lassen? In einer frühen Phase wären mehr als 30 Prozent nicht gründerfreundlich, zudem bliebe dann nicht genügend Spielraum für weitere Finanzierungsrunden. Üblich sind 15 bis 25 Prozent.

Daraus ergibt sich als vereinfachtes Beispiel für ein Startup, das in einer Seed-Phase 500.000 Euro benötigt, um in den nächsten 12 bis 18 Monaten den Product-Market-Fit anzustreben, und in der Runde nicht mehr als 20 Prozent abgeben möchte, ein Unternehmenswert (Pre-Money) von 2,5 Millionen Euro.

3) Wettbewerb

Auch das direkte Marktumfeld hat einen entscheidenden Einfluss auf den Wert eines Startups. Vor allem die Frage, wie es um den Wettbewerb um das Startup bei der Finanzierungsrunde steht. Wie viele Kapitalgeber wollen in das Startup investieren? Haben gleichzeitig viele andere Investoren ebenfalls Interesse, dann steigt der Preis. Die Kapitalgeberseite ist dabei oft getrieben von der „fear of missing out", also der Furcht davor, ein prestigeträchtiges Investment zu verpassen.

Das bedeutet für das Startup, dass es bessere Chancen hat, die Bedingungen aktiv mitzubestimmen und auch den ein oder anderen Zuschlag bei der Bewertung zu bekommen. Hier sollten es Gründer jedoch nicht übertreiben oder zu stark ausreizen mit der Bewertung. Denn „Bewertung ist ein Signaling von Ambitionsniveau" (Florian Heinemann).

4) Track Record

Besonders stark ist der Wettbewerb meist, wenn es um erfahrene Gründer geht bzw. um erfolgreiche Seriengründer. Erfahrene Gründerteams bekommen fast immer eine höhere Bewertung durchgesetzt. Denn das Risiko, das Ding gegen die Wand zu fahren, ist geringer als bei Gründern ohne Erfahrung.

Ein gutes Beispiel dafür ist ein Gründer, der kürzlich mit einem Betaphase-Produkt-Pitch, also eigentlich nur einem Prototyp in der Testphase, direkt 50 Millionen Euro in einer ersten Finanzierungsrunde eingesammelt hat. Warum? Es handelte sich um einen der Wunderlist-Gründer, die zuvor ihr Startup erfolgreich für einen dreistelligen Millionenbetrag an Microsoft verkauft hatten. Das Vertrauen der Investoren war entsprechend hoch.

Grundsätzlich funktioniert der Markt für Startups eher irrational. Rational ist es zum Beispiel, sich auf den Status quo zu fokussieren und nicht auf die Zukunft. Das wird nicht immer beachtet bzw. es fällt entsprechend schwer, die Zukunft vorherzusagen. Wichtig ist, dass Startups einen wirkliche guten Core (Kern bzw. Kernkompetenz) besitzen oder diesen in absehbarer Zeit aufbauen können. Dieser Core ist für mich eines der relevantesten Punkte wenn es um Differenzierung und Einschätzung der Relevanz geht. Also was hat das jeweilige Startup in seiner „Magic Box", was kein anderer hat oder so schnell erlangen kann? Wie verteidigbar ist dieser Core?

Das können zum Beispiel Patente, Technologien, Algorithmen oder ein exklusiver Marktzugang sein. Im Idealfall ist der Kern sowohl einzigartig als auch mehrfach vorhanden und bietet dem Kunden gegenüber einen unschlagbaren Unique Selling Point (USP). Wenn diese Konstellation noch mit einem Growth verbunden werden kann, ist es die perfekte Mischung für ein erfolgreiches Unternehmen, was bestens dafür gerüstet ist, extern Geld einzusammeln.

Die höchsten Bewertungen erzielen im Moment Startups aus den Bereichen Enterprise Software, Software-as-a-Service und Artificial Intelligence. Das liegt schlicht daran, dass die Cashflows besonders gut vorhersagbar sind. Hinzu kommt, dass im Bereich Business-to-Business (B2B) mehr Loyalität zu erwarten ist, wenn der Markt einmal geknackt wurde. Im Endkundengeschäft hingegen sind immer mehr Konsumenten auf der Suche nach dem besten Angebot und sind damit eher illoyal unterwegs.

Insgesamt kann man davon ausgehen, dass sich die Bewertungsdynamik durch Corona etwas normalisieren wird. Wobei es auch in der Krise guten Unternehmen gelingt, zu ordentlichen Bewertungen externes Geld einzusammeln. In Deutschland kommt hinzu, dass vermehrt die großen ausländischen Investoren ihr Geld in hiesige Tech- und Wachstums-Startups investieren wollen.

Abschließend bleibt zu sagen, dass die Bewertung und damit die Finanzierung von Startups bei aller Raffinesse letztlich doch immer mehr Kunst als Wissenschaft bleibt. Ob ein Startup tatsächlich die effizienteste Methode ist, um verfügbares Kapital anzulegen, muss jeder selbst entscheiden. Jungen Unternehmen damit die Startphase zu erleichtern und damit Zukunft mitzugestalten, tut man damit allemal.

#9

GELDGEBER UND STARTUPS

Laut Statista wurden im Jahr 2019 in Deutschland insgesamt etwa sechs Milliarden Euro in Startups investiert. Der Schwerpunkt lag auf den Bereichen Mobility, FinTech und Software/Analytics. Erste Zahlen für 2020 deuten auf eine geringere Zahl und Größe der Finanzierungsrunden hin. Die Corona-Krise spielt hier sicherlich eine entscheidende Rolle. Doch nach einer zeitlich begrenzten „Freeze"-Phase wird das Thema Startup-Investments bei Investoren sicher wieder eine entscheidende Rolle spielen.

Früher galt das Gründen als einfach und günstig. Das traf aber nur solange zu, wie das Business-to-Consumer-Geschäft (B2C) im Fokus stand und es in bestimmten Bereichen gar keine Wettbewerber gab. Doch aktuell ist relativ viel Kapital vonnöten, um ein Startup aufzubauen und wirklich groß zu machen. Neben den Marketing- und Wachstumskosten sind auch die Personalkosten in letzter Zeit deutlich angestiegen.

Deshalb braucht ein Startup entlang seines Weges externes Kapital. Gerade die innovationsgetriebenen und wachstumsorientierten Startups sind besonders kapitalintensiv. Im Gegensatz zu neu gegründeten KMU können sie nicht darauf hoffen, einfach aus ihrem Cashflow zu wachsen, ohne auf Fremdkapital angewiesen zu sein. Die meisten der großen Tech-Unternehmen sind mithilfe von Venture Capital (VC) und damit externem Risikokapital aufgebaut worden, zum Beispiel Cisco, Intel, Netflix oder Twitter.

Selbst die fünf größten Unternehmen der Welt (gemessen an der Marktkapitalisierung) – Apple, Facebook, Google, Microsoft und Amazon – wurden anfangs von Risikokapitalgebern unterstützt und begleitet. Ein technologieorientiertes Startup braucht externes Geld, um schnell in Technologie und Talent investieren zu können. Nur so kann es wirklich relevantes Know-how und einen echten Vorteil am Markt aufbauen.

Ein Startup braucht externes Geld besonders, wenn es:

1) in absehbarer Zeit keinen Cashflow generiert,
2) einem risikoreichen Ansatz folgt,
3) einen langfristigen Liquidierungszeitraum sichern muss.

Grundsätzlich kommen Geldgeber aus zwei verschiedenen Kategorien infrage:

1) Frühphasige Investoren oder Unterstützer (Family Friends Fools – FFF, Business Angels, Inkubatoren, Acceleratoren) für Pre-Seed- und Seed-Phase
2) Institutionelle und professionelle Investoren, die in der Regel ab Series A ins Spiel kommen

Institutionelle Investoren sind meist Limited Partners (Unternehmen, Familiy Office, andere Funds), die zum Beispiel in einem speziell aufgelegten Venture Fund investieren. Der Fund wird von einem General Partner (GP) gemanagt. Dieser GP investiert das Geld aus dem Fund als Venture Capitalist in Startups. Der Entrepreneur im Startup baut mit dem Geld seine Company auf.

Natürlich können auch Unternehmen, Family Offices und andere direkt in Startups investieren. Hier sind dann meist spezielle Vehikel im Einsatz, zum Beispiel eigene Corporate-Venture-Capital-Einheiten (CVC), die eine gewisse Professionalisierung sicherstellen sollen.

Da in der frühen Startup-Phase das Risiko eines Totalausfalls recht groß ist, spricht man von Risikokapital. Ein solches (IDE) Startup braucht im Durchschnitt alle 12 bis 18 Monate frisches Kapital. Dann ist eine neue Finanzierungsrunde erforderlich. In einer solchen Runde gibt das Startup im Normalfall durchschnittlich 20 bis 25 Prozent der Anteile ab. Natürlich sind auch kleinere Finanzierungsrunden möglich, dann bleibt den Gründern mehr vom Kuchen. Größere Finanzierungsrunden bedeuten grundsätzlich auch eine höhere Wahrscheinlichkeit von Wachstum und damit auch Erfolg.

Nach der Seed-Phase sind gute Startups darauf aus, möglichst wenige, dafür aber große Investoren als Partner zu gewinnen. Sind zu viele Parteien am Tisch, macht das das Gesamtkonstrukt entsprechend schwieriger. Entscheidet sich ein Startup für große Partner, hat das den Vorteil, dass diese auch in der Lage sind, weitere Runden mitzugehen und somit länger dabei sind.

Der so entstandene Cap Table, also die Beteiligungs- oder Gesellschafterstruktur und die damit aufgebaute Kapitalstruktur, muss in seinem gesamten Vorgehen immer den mittel- bis langfristigen Zielen des Startups angepasst sein. Damit lassen sich dann auch einfachere Folgeinvestments sichern. Ein schlechter Mix besteht hingegen dann, wenn unerfahrene Investoren mit Erstgründern zusammentreffen und diese im schlimmsten Fall noch kurzfristig denken.

Ein schlechtes Konstrukt (Cap Table) und nicht förderliches Signaling würde zum Beispiel vorliegen, wenn ein Startup aus dem HealthTech-Bereich sich früh zwei Ärzte und einen Medizintechnikhersteller an Bord geholt hat, die zusammen mehr als 50 Prozent besitzen und eine erste große Finanzierung anstreben. Ein besseres Signaling liegt vor, wenn zwei bis drei gute Business Angels mit 10 bis 20 Prozent früh dabei sind, die die Folgeinvestoren kennen.

Das Signaling spielt für Startups in jeder Runde eine entscheidende Rolle. Gerade in der frühen Phase geht es vorrangig darum, dass neben dem Geld zum Beispiel der Business Angel sein Netzwerk und auch eine gewisse Art von Reputation mitbringt. Gute und vor allem sehr aktive Business Angels haben schnell 20 Startups und mehr in ihrem Portfolio. Eine Liste und Übersicht zu Business Angels habe ich auf www.dinotrifffteinhorn.de erstellt.

In weiteren Folgerunden wird das Thema Reputation dann noch wichtiger. Es gilt als Ritterschlag, wenn ein Startup in der Series A oder später einen der globalen und namhaften Geldgeber von sich überzeugen kann. Hier wären zum Beispiel Accel Partners, Andreessen Horowitz, Benchmark, Index Ventures oder Sequoia Capital zu nennen. Allerdings gilt auch, dass Venture Capitalists immer nur so gut sein können wie die Entrepreneure, die das Business aufbauen.

Unter den genannten Argumenten sollte die Auswahl des Investors und damit Partners aus Startup-Sicht wohlüberlegt sein. Ist ein Weg erstmal eingeschlagen, kann man ihn so schnell nicht wieder verlassen. Geld bedeutet auf der einen Seite Beschleunigung, auf der anderen aber auch Kontrollverlust.

Ein Startup ist ein Projekt, über das man noch Kontrolle ausüben kann. Insgesamt sind trotz Corona-Krise die Zeiten für Startups eher gut. Kapital wird es weiter geben, es wird sich aber nach wie vor auf die guten und vielversprechenden Geschäftsmodelle und Technologien fokussieren. In einigen Bereichen spricht man auch von einem Unternehmermarkt, in dem sich die guten Startups aussuchen können, von wem sie Geld nehmen.

Corporate Partner, die zum Beispiel mit ihrem Investoren-Vehikel mitspielen wollen, gelten eher als strategische Investoren. Sie müssen sich in dem gesamten Spiel ebenfalls beweisen. Sie müssen an gute Deals kommen, ein gutes Signaling haben, eine klare Positionierung und ein Wertversprechen mitbringen. Und letztendlich müssen sie auch ins Risiko gehen. Es gibt bereits erfolgreiche CVC-Programme mit einem guten und vorzeigbaren Track Record. Eine Übersicht zu den aktiven CVC-Programmen in Deutschland habe ich unter www.dinotrifftteinhorn.de erstellt.

Einige deutsche Unternehmen nutzen die Möglichkeit, als Limited Partner (LP) in Venture Funds zu investieren. Sie überlassen die Arbeit dann den Profis. Der Vorteil ist, dass sie auf diesem Weg erstmal als passiver Teilnehmer dem Geschehen beiwohnen und alle Informationen und Insights nutzen können, um daraus zu lernen. Der Nachteil ist: Die Geschicke liegen in der Hand anderer und der Kompetenztransfer in die bestehende Organisation ist eher schwieriger.

Letztlich gibt es für Startups über nahezu alle Phasen viele öffentliche oder halbstaatliche Förderprogramme, die als Geldgeber dienen können. Das Spektrum reicht von sehr früher Grundlagenförderung über verschiedene Frühphasenprogramme bis hin zu sehr großen Zuschussprogrammen von Landesbanken. Auf europäischer Ebene ist der European Investment Fund (EIF) zu nennen, der quasi auch mit staatlichen Subventionen Startups unterstützt, aber eine sehr professionelle Struktur hat.

Startups sollten darauf achten, bei allen Geldgebern eine „Intro", also eine Vorstellung über einen bestehenden Kontakt zu bekommen. Hier haben neueste Studien gezeigt, dass ein initiales Funding und somit die erfolgreiche Finanzierungsrunde um bis zu 13-mal wahrscheinlicher wird, wenn es zuvor eine „warme" Intro gab.

#10

BUSINESSPLAN VS. PITCHDECK

„Plans are useless, but planning is indispensable."
– Dwight D. Eisenhower

Der Begriff Businessplan ist im deutschen Gründergeschehen weit verbreitet. Es gibt Kurse an Universitäten, Businessplan-Wettbewerbe der Bundesländer und Ähnliches. Gerade öffentliche Fördermittelgeber erwarten grundsätzlich einen Businessplan. Dahinter steckt die Vorstellung, dass es ein umfassendes Konzept des gesamten Gründungsvorhabens geben muss. Meist gibt es in den Anforderungen sogar vorgegebene Abschnitte, die vom Gründerteam ausgefüllt werden müssen.

Ich selbst verwende den Begriff Businessplan in dem Zusammenhang eher selten. Für eine konkrete Zusammenfassung des Vorhabens beziehungsweise den Status eines Startups nutze ich eher das Pitchdeck. Das umfasst in der Regel ähnliche Inhalte, allerdings ist es deutlich komprimierter und lesbarer. Nicht zuletzt wird es in einer präsentierbaren Form erstellt. Ein gutes Pitchdeck kann mit 10 Slides auskommen, während ein klassischer Businessplan schnell mal 20 bis 30 Seiten Text umfassen kann.

Mein Rat an Gründer ist, sich am Empfänger zu orientieren. Wenn ein potenzieller Förderer eher aus dem öffentlichen Bereich kommt, wird ein formeller Businessplan weiter die

Voraussetzung sein. Private Geldgeber wollen eher ein Pitchdeck sehen. Allerdings ist es gerade zu Beginn wichtig, sich eine einfache und zugleich saubere Struktur für das Pitchdeck anzulegen. Alle Grundgedanken und wesentlichen Aussagen müssen darin enthalten sein. Die Herausforderung liegt in der Einfachheit und Klarheit.

Eine mögliche Struktur eines 10-Slide-Pitchdecks kann wie folgt aussehen:

1) Hook – Was schafft Aufmerksamkeit gleich zu Beginn?
2) Problem – Welches Kundenproblem wird gelöst und warum ist das so wichtig?
3) Solution – Wie wollen wir das Problem lösen oder wie haben wir es gelöst?
4) Magic – Was ist unsere Kernkompetenz und unser Unfair Advantage und was macht uns besonders? Wie sieht der Progress aus?
5) Money – Wie haben wir vor, damit Geld zu verdienen bzw. was ist unser Geschäftsmodell (inklusive Marktgröße)?
6) Customer Acquisition – Wie generieren wir Kunden, mit welchem Wert und zu welchen Kosten? Wie lässt sich der Weg skalieren?
7) Competition – Wie positionieren wir uns ausgehend von Top-Prioritäten der Kunden gegenüber den anderen Marktplayern?
8) Team – Wer ist im Team und warum sind wir die Richtigen?
9) Status – Wo stehen wir gerade (zahlentechnisch) und wie sind die Entwicklungen (zum Beispiel Umsatz, Nutzerzahlen)?
10) Call to Action – Was wollen wir vom Leser oder Zuhörer?

Meine Empfehlung ist, dass jedes Gründerteam zu Beginn ein Pitchdeck erstellt und dann als fortlaufendes Arbeitsinstrument vor allem für die Kommunikation nutzt. Gleichzeitig befürworte ich, dass jedes Startup eine Art Strategiepapier aufsetzt, in dem vor allem Ziele, Motivationen etc. mit konkreten Kennzahlen definiert und festgehalten sind. Einen Businessplan in Form einer zahlengetriebenen Roadmap kann dann als Execution Plan dienen, an dem regelmäßig die Performance gemessen wird.

Das Erarbeiten beider Dokumente (Strategiepapier und Businessplan) hat einen nützlichen Nebeneffekt: Die gesetzten Ziele und das gemeinsame Verständnis vom Zukunftsbild wird klar erkennbar und operationalisiert. Dies sind Kerninstrumente innerhalb der Abstimmung im Team. Der Wert eines Businessplans liegt nicht unbedingt darin, dass er 100 Prozent korrekt ist, sondern eher darin, dass er einen Rahmen bietet, in dem man sich überhaupt fortlaufend mit solchen Fragen systematisch beschäftigt. Auch Studien zeigen, dass Startups mit einem solchen Businessplan besser performen als solche, die keine solchen internen strategischen Planungsdokumente besitzen.

Allerdings sollte man auch an den berühmten Satz des Generalfeldmarschalls Helmuth von Moltke denken: „Kein Plan überlebt die erste Feindberührung.“ Oder wie Steve Blank es umformuliert hat: „No business plan survives first contact with customers.“ Wenn man sich der Stärken und Schwächen bewusst ist, sind sowohl Pitchdeck als auch Strategiepapier und Businessplan unabdingbare Tools für jedes Startup. Das Pitchdeck verbessert die Kommunikation und Transparenz nach außen, während der Businessplan als strategisches Planungsinstrument nach innen wirkt.

#11

STARTUP-HOTSPOTS

Als gebürtiger Brandenburger lebe ich seit knapp 20 Jahren in Berlin. In dieser Zeit habe ich miterleben können, wie sich die Hauptstadt unter die Top Ten der Startup-Hotspots weltweit hochgearbeitet hat. Welche Rolle Berlin in Zukunft einnehmen wird, bewerten zahlreiche Studien und Rankings zum Teil sehr unterschiedlich.

Unangefochten an der Spitze steht international nach wie vor das Silicon Valley in Kalifornien. Auch zahlreiche deutsche Unternehmen sind dort ansässig und viele andere haben schon Reisen dorthin unternommen. 2014 hat der Journalist Christoph Keese in seinem Buch „Silicon Valley: Was aus dem mächtigsten Tal der Welt auf uns zukommt" davon berichtet, wie er als Visiting Fellow für Axel Springer ein halbes Jahr in Palo Alto verbracht hatte, und damit einen Bestseller gelandet.

Wenn es um Vorbilder geht, finde ich es wichtig, auch abseits von Silicon Valley, London oder Tel Aviv zu schauen. Zum Beispiel sollte man China und Südkorea im Blick behalten. Was dort zurzeit entsteht, wird noch einige Rankings durcheinanderwirbeln. Für Europa sind außerdem Städte wie Stockholm, Helsinki, Riga oder Krakau zu nennen.

Feststeht: Von Orten, an denen eine gute Infrastruktur, eine hohe Lebensqualität – bestenfalls in Verbindung mit moderaten Lebenshaltungskosten – und eine hohe

Entwicklungsdynamik zusammenkommen, fühlen sich Tech-Talente magisch angezogen. An solchen Orten entstehen neue Hotspots.

Berlin ist in Deutschland nach wie vor unangefochten „the place to be“ für die Startup- und Tech-Szene und alle, die direkt oder indirekt damit zu tun haben. Selbstverständlich sind andere deutsche Städte auch sehr aktiv. Hamburg kann beispielsweise mit den Themen Medien und Handel glänzen, München mit dem Thema Industrie. Letztlich geben aber auch Münchner und Hamburger Gründer zu, dass sie regelmäßig nach Berlin fahren, weil hier die relevanten Dinge stattfinden und alles nah beieinander ist. Die kurze Entfernung zu Partnern, Investoren, Veranstaltungen und Ähnlichem ist ein klarer Standortvorteil. Auch wenn Berlin groß ist, kann man alle wichtigen Punkte in maximal 45 Minuten erreichen.

Folgende Punkte machen aus meiner Sicht Berlin zu einem aktuell so attraktiven Standort für die Startup-Szene:

1) Die Willkommenskultur, Offenheit, Liberalität und Toleranz der Stadt. Hier kann mehr oder weniger jeder machen, was er will, und sein, wie er will. Wer möchte, kann dabei sehr anonym bleiben.

2) Der hohe Grad an Internationalität. In einigen Vierteln wird mehr Englisch als Deutsch gesprochen. Man kann hier mit sehr wenig Deutschkenntnissen sehr gut seinen Alltag bestreiten.

3) Mit fast vier Millionen Einwohnern stellt der Großraum Berlin einen sehr attraktiven Testmarkt dar. Hier kann man für nahezu jedes Produkt Early Adopter finden,

also an Innovation interessierte Konsumenten, die als erste Kunden infrage kommen.

4) Die hohe Dichte an Top-Talenten. Berlin ist schon seit Jahrzehnten ein Magnet für kreative Köpfe. In jüngerer Zeit kamen viele Experten aus der Digital- und Tech-Szene hinzu. Eine große Gruppe davon stammt aus osteuropäischen Staaten. Häufig bringen diese eine sehr gute technisch-mathematische Ausbildung mit.

5) Die vielen Erfolgsstorys und der Zugang zu Seriengründern, die sich als Business Angels oder Advisors in der Startup-Szene bewegen. Diese Leute möchten ihr Wissen zurückgeben und ihre Investments pushen.

6) Die Nähe zu Politik und Verbänden. Für Startups gehört es zwar nicht unbedingt zu den ersten Punkten auf der Agenda, sich mit Verbänden oder Politikern zu treffen, doch wer sich mit komplexen oder hochgradig regulierten Themen befasst, profitiert von einer räumlichen Nähe und der Möglichkeit von Interaktion. Das gilt zum Beispiel für Bereiche wie Mobilität, Gesundheit und Energie, in denen es nach wie vor viele regulatorische Vorgaben und Hürden gibt.

7) Der gute Zugang zu Investoren, Förderprogrammen und sonstigen Unterstützungsprogrammen für Startups. Nahezu jeder nationale und internationale Risikokapitalgeber ist in Berlin präsent. Viele Inkubationsprogramme und Acceleratoren haben hier ihren Sitz, auch wenn bereits Bewegungen in andere Regionen Deutschlands erkennbar sind.

8) Die hohe Konzentration von Universitäten und Forschungseinrichtungen. Neben den vier großen Universitäten gibt es noch vier Kunsthochschulen, sieben Fachhochschulen und 24 staatlich anerkannte private Hochschulen. Um sie herum existieren zahlreiche Transfergesellschaften, Gründungszentren und ähnliche Organisationen, die sich auf Vermittlung und Transfer zwischen Hochschulen und Praxis spezialisiert haben. Zudem sind die mehr als 200.000 Studierenden (davon gut ein Drittel aus den MINT-Fächern) sowohl als Konsumenten als auch als Mitarbeiter interessant.

9) Die (noch) moderaten Lebenshaltungskosten. Zwar hat sich gerade die Wohnsituation in den vergangenen Jahren extrem zugespitzt. Es gibt immer weniger bezahlbaren Wohnraum. Doch die Kosten für Lebensunterhalt, Ausgehen und sonstige Dinge sind moderat im Vergleich zu anderen Großstädten in Deutschland und Europa. Legt man allerdings das Gehaltsniveau und das Mietniveau zusammen, gehört Berlin mit zu den teuersten Städten in Europa.

Es gibt aber auch Schwachpunkte:

1) Besonders in den Innenstadtlagen ist der Wohnraum inzwischen extrem knapp. Immer mehr Menschen zieht es in die Randlagen oder die Außenbezirke.

2) Berlin hat nur wenige große, etablierte Unternehmen, die als Partner und Förderer auftreten könnten. Immerhin sind es in den letzten Jahren mehr geworden. Viele Unternehmen haben sich mit

Hauptstadtrepräsentanzen oder Labs in Berlin angesiedelt.

3) Die Infrastruktur der wachsenden Stadt stößt zum Teil an ihre Grenzen, vor allem in Sachen Mobilität. Auch die Internetanbindung und die Mobilfunkabdeckung sind noch stark ausbaufähig. Hier sind andere Bundesländer deutlich weiter in der Geschwindigkeit des Infrastrukturausbaus.

4) Die öffentliche Verwaltung in Berlin ist mit vielen regulatorischen Aufgaben und Prozessen schlichtweg überfordert. Eine Eintragung ins Handelsregister kann schon mal ein paar Wochen dauern und einen Termin beim Amt sollte man am besten Monate im Voraus reservieren.

Somit lässt sich der Boom Berlins als Startup-Hotspot weniger auf außergewöhnlich gute politische und infrastrukturelle Rahmenbedingungen als vielmehr auf soziale und kulturelle Faktoren in Kombination mit personellen und institutionellen Voraussetzungen zurückführen.

Spannend ist auch die langfristige Entwicklung von Berlin mit Zukunftsaussichten als Tech-Standort. In den letzten zehn Jahren hat sich die gesamte Szene stark professionalisiert und nach B2C werden in den nächsten Jahren B2B-Modelle relevanter. Dazu kristallisieren sich vermehrt spezifische Cluster heraus, die ein separates Ecosystem innerhalb der Stadt repräsentieren, in dem Ressourcen und vor allem Kompetenzen gebündelt werden. Einige der bekanntesten sind der EUREF-Campus für CleanTech, Energy und Mobility sowie der EDEKA Food Tech Campus für Food bzw. FoodTech. In Potsdam entsteht rund um das Hasso-Plattner-Institut ein

DeepTech-Cluster. Eine aktuelle Übersicht gibt es unter: www.dinotriffteinhorn.de

Darüber hinaus sind verschiedene Co-Working-Spaces kleinere Cluster und Hotspots für verschiedene Startups und Gründer. Zu den wohl bekanntesten gehören das St. Oberholz und das Betahaus. Beide haben nahezu Kultstatus und zweifellos einen gewissen Charme. In den letzten Jahren sind viele professionelle Anbieter dazugekommen, allen voran WeWork oder Rent24. Auch hier habe ich eine Übersicht auf www.dinotriffteinhorn.de gestellt.

Für mich ist es immer wieder spannend, sich ab und an mal in den verschiedenen Co-Working-Spaces blicken zu lassen. Schließlich stehen sie für eine neue Form der Arbeit, viel Talent und Potenzial kommt auf engstem Raum zusammen. Viele etablierte Unternehmen erkennen inzwischen auch den Nutzen von Co-Working-Spaces als Event-Location oder Inspiration für bestimmte interne oder öffentliche Events. Einige Co-Working-Spaces haben hier tolle und absolut faire Leistungsangebote für Führungen, Räumlichkeiten sowie Versorgung mit Catering und Getränken. Die Website Spacebase bietet eine praktische Übersicht über die verfügbaren Räumlichkeiten, die dort auch gleich gebucht werden können.

#12

WARUM STARTUPS SCHEITERN

Das Scheitern von Startups wird viel diskutiert. Eins muss ich initial gleich klarstellen: Auch wenn es manchmal anders wirkt – kein Startup scheitert wirklich gern! Doch das Scheitern gehört zur Gründung und zur Tätigkeit eines Entrepreneurs dazu.

Grundsätzlich kann man annehmen, dass ungefähr neun von zehn Startups scheitern. Das sagt zumindest eine in der Praxis weithin akzeptierte Daumenregel. Leider gibt es dazu kaum wissenschaftliche Belege. Spannender ist ohnehin, dass es vermutlich neun von zehn nicht einmal versuchen, ein Startup zu gründen. Damit wird deutlich: Wenn wir von erfolgreichen Entrepreneuren sprechen, dann ist das eine vergleichsweise kleine Gruppe innerhalb einer absolut möglichen Gesamtzahl.

Die meisten Startups scheitern schon relativ früh, etwa innerhalb der ersten zwei Jahre, und verschwinden gänzlich vom Markt. Meist geschieht das in der Phase des Product-Market-Fits, also der Phase, in der es darum geht, eine breitere Akzeptanz für das Produkt im Markt zu erreichen (siehe Die drei Phasen eines Startups). Ist ein Startup älter als drei Jahre, erhöht sich die Wahrscheinlichkeit, dass es ein beständiges Geschäft wird, deutlich.

Das Problem ist am Ende meist gar nicht das Scheitern selbst, sondern eher, dass das Wort nach wie vor negativ besetzt ist. Wenn man im Deutschen sagt „Ich bin gescheitert“, dann kommt das einer Stigmatisierung gleich. Dabei sollte sich doch eigentlich schon überall herumgesprochen haben, dass das Scheitern zum Gründen dazugehört und sogar ein wichtiger Bestandteil ist.

Ich würde sogar so weit gehen, dass hier auch einer der wesentlichen Unterschiede im Selbstverständnis von Startups und Corporates besteht. Erst kürzlich hatte ich zum Beispiel eine Begegnung mit einem großen Lebensmittel-Unternehmen, bei der mir einer der Topmanager aus dem Bereich Produkt und Vertrieb sagte, als wir auf das Thema zu sprechen kamen: „Wir scheitern nie!" Und tatsächlich funktionieren die Produkte dieses Unternehmens gut am Markt und wachsen stetig weiter.

Die Innensicht bietet jedoch ein anderes Bild. Natürlich werden auch hier Produkte entwickelt, die am Markt keinerlei Anklang finden. Die werden dann nur (heimlich) wieder eingestellt. Das zeigt, dass der Unterschied eher im Umgang mit dem Scheitern liegt.

Wie schon gesagt, niemand scheitert gern! Bei Startups gilt deshalb das Motto: „Ein früher Fehler ist ein guter Fehler!" Aus dem möglichst frühen Misslingen eines Vorhabens kann man Lehren ziehen. Hier passt dann die Redewendung: „The best startups are companies that learn." Es geht also beim Scheitern eher um eine Grundphilosophie und darum, wie mit Misserfolg umgegangen und was daraus abgeleitet wird.

Aber warum scheitern Startups nun eigentlich? Zu den Hauptgründen gibt es viele Statistiken und Erhebungen. Ich möchte mich einer bedienen, die sich auch mit meinen Erfahrungen deckt (siehe Abbildung).

WARUM STARTUPS SCHEITERN

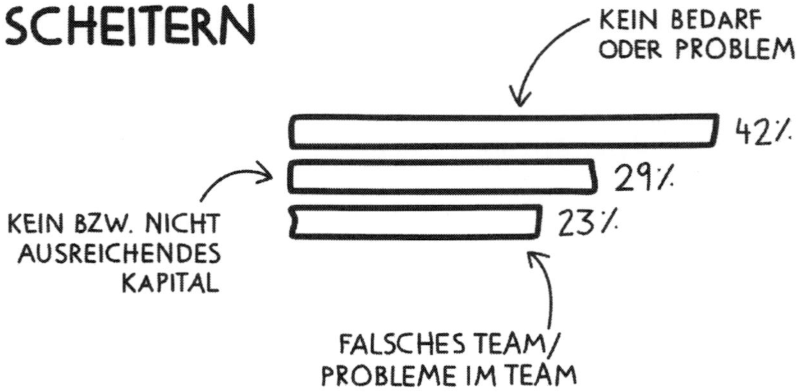

Eine Studie von CB Insights umfasst verschiedene gescheiterte Startups aus unterschiedlichen Branchen und Verticals. Es wird deutlich, dass fast die Hälfte aller Startups scheitern, weil es einfach keinen Bedarf für die von ihnen angebotene Lösung am Markt gibt. Damit ist im Schwerpunkt der fehlende Product-Market-Fit gemeint. Das heißt es gibt zwar eine Lösung, aber kein passendes Problem, hinter dem ein Kunde steht, der dazu noch bereit ist, Geld zu zahlen.

Weitere Gründe sind Finanzierungsprobleme oder Schwierigkeiten innerhalb des Gründerteams. Allerdings muss ich dazu anmerken, dass richtig gute Ideen in der Regel schnell gutes Geld bekommen. Insbesondere, wenn dieses Geld von erfahrenen Teams eingeworben wird (siehe #8). Doch auch das erfahrenste Team mit einer guten finanziellen Ausstattung kann scheitern.

Die „Geldnot" als Ursache des Scheiterns deutet auf eine komplexe Problemlage hin. Wenn ein Startup kein relevantes Produkt auf den Markt bringt, erzielt es marktseitig keinen

Umsatz. Doch im Bereich der Finanzierung ist es nicht ganz so einfach. In den letzten Jahren ist es deutlich einfacher geworden, Geld einzusammeln – gerade in der Pre-Seed- und Seed-Phase.

Allerdings verbringen die Gründer sehr viel Zeit im Fundraising und sind dabei nicht immer erfolgreich. Gerade in letzter Zeit kommt es immer wieder vor, dass ein Deal in letzter Minute platzt und das Startup aufgrund des Geldmangels sofort in die Insolvenz geht. Auf dem Weg vom Start des Fundraisings bis zum unterschriebenen Vertrag kann viel Zeit vergehen (im Durchschnitt aktuell etwa drei Monate). Wenn in der Zwischenzeit unvorhergesehene Probleme dazukommen, kann der finanzielle Spielraum des Startups sehr schnell aufgebraucht sein. Meist greifen die Gründer dann zu einer sogenannten Bridge-Finanzierung oder zu Wandeldarlehen.

Es ist keine schöne Erfahrung, schon zu Beginn mit einem Bein in der Insolvenz zu stehen. Zudem muss dann auf vieles verzichtet werden, womöglich sogar auf Gehalt. Das ist eine entbehrungsreiche Zeit und eine einschneidende Erfahrung für das Gründerteam, die ich die „Toast-mit-Ketchup-Phase" nenne.

Die dritte Ursache des Scheiterns liegt im Team selbst. Das scheint logisch, denn am Ende sind alle Gründer und Entrepreneure auch Menschen. Wir wissen alle, wie schwierig es ist, ein funktionierendes Team aufzusetzen. Besonders in harten oder stressigen Zeiten zeigt sich, wie gut ein Team funktioniert, wie resistent es ist und mit welcher Energie es Tiefschläge verkraftet, daraus lernt und wieder einen neuen Anlauf wagt. In dem Zusammenhang spricht Florian Heinemann immer von der „Widerstandsüberwindungsfähigkeit" oder – anders formuliert – von der Resilienz des Teams.

Auch hier spielt wieder Erfahrung im Team eine wichtige Rolle. Gerade in Krisenzeiten, wo es täglich auf und ab geht, ist es wichtig, dass die einzelnen Persönlichkeitsprofile im Gründerteam gut funktionieren und sich ergänzen. Erste Persönlichkeitstest von Venture Capitalists wollen Komponenten des Scheiterns als Gefahrenstelle minimieren.

Ich möchte noch zwei Punkte ergänzen, die aus meiner Sicht jeweils einen weiteren wesentlichen Einfluss auf das Scheitern eines Startups haben:

1) Der erste Punkt ist das falsche Timing, manchmal auch mit dem Begriff Product-Zeitgeist-Fit umschrieben. Studien belegen, dass es neben Team, Product, Business Model und Funding auch immer auf das richtige Timing ankommt. Wer zu früh oder zu spät am Markt ist, hat keine Chance. Bekannte oder weniger bekannte Beispiele sind Nokia N-Gage (mit Smartphone gekoppelte Konsole), Pets.com (Online-Shop für Tierfutter), Napster (Online-Plattform für Musik-Download/-Streaming) und Webvan (Online-Lieferdienst für Lebensmittel).

   Dazu ist es essenziell wichtig, den Kunden in Echtzeit zu verstehen und zeitgleich die Zukunft mitzugestalten, um das richtige Timing zu erreichen.

2) Der zweite Punkt ist ein Fehler, den viele Startups machen: Sie denken zu wenig vernetzt und in Ecosystemen. Wer ein Produkt entwickelt und damit an den Markt geht, findet sich in einem Kampf um Aufmerksamkeit, Kunden und Budgets wieder. Das Startup hat dafür eine schwächere Ausgangsbasis, da

es kaum bekannt ist, wenig vorzuweisen hat und mit knappen Ressourcen umgehen muss.

Daher empfehle ich, schon früh im Netzwerk darüber nachzudenken, mit wem das Startup Partnerschaften eingehen kann. Vorstellbar sind Partnerschaften mit Verlagen, Normengebern, Vertriebsgesellschaften und ähnlichen Organisationen, die einen ganz anderen Hebel zum Beispiel beim Aufbau eines Kundenzugangs haben. So kann man anstelle einer Push- schneller eine Pull-Wirkung erzeugen.

Schaut man sich die Hauptursachen des Scheiterns nochmal an – vor allem die erste (fehlender Need im Markt) – wird eine der wichtigsten Regeln für ein Startup deutlich:

Baue ein Produkt, das Menschen,
die du erreichen kannst, jetzt brauchen und
für das sie gerne zahlen wollen.

Berücksichtigt man diese Regel, wird der Rest deutlich einfacher.

Das Grundsetup (Produkt, Kapital, Team) sollte möglichst perfekt aufgesetzt sein, um von Beginn an – zur Not mithilfe von mehreren Pivots – den richtigen Fit zu finden. Dann kann es auch gelingen, den Ausspruch von Peter Thiel zu widerlegen, der gesagt hat: „Ein Startup, das den Start verkorkst, lässt sich nicht mehr richten."

LAGE DER CORPORATES

Die gesamte Wirtschaft steht unter einem gewaltigem Veränderungsdruck. Das ist nicht erst seit Beginn der Corona-Krise so. Ursachen sind neben den zahlreichen globalen Krisen vor allem der Aufstieg der digitalen Technologie. Stichwort: „Software is eating the world." Der technologische Wandel gewinnt immer weiter an Geschwindigkeit. Gleichzeitig verändern sich die Kundenpräferenzen und eine schier unüberschaubare Masse neuer, schnell wachsender Startups drängt in nahezu jede Industrie.

Es wird dadurch immer schwerer, Entwicklungen vorherzusehen oder langfristig zu planen. Auf diesen Marktplatz der Unsicherheiten möchte ich gerne eingehen, um ein paar grundlegende Konzepte, die vor allem Corporates betreffen, kurz und einfach zu erläutern.

#13

DIE DRITTE WELLE

Um die Notwendigkeit zur Anpassung und Veränderung besser greifbar zu machen, sei ein kurzer Rückblick erlaubt. Wir befinden uns in der viel diskutierten vierten industriellen Revolution. Sowohl bei Startups als auch auf der Corporate-Seite gibt es immer noch Unklarheiten, wie diese aktuelle Phase zeitlich und historisch einzuordnen ist und vor allem welche Prämissen sich daraus ergeben.

Die technologische Grundlage der vierten industriellen Revolution sind intelligente Sensoren und sogenannte cyber-physikalische Systeme. Damit ist die Vernetzung von Dingen untereinander gemeint, die auch mit den Schlagworten Internet of Things (IoT) beziehungsweise Industrial Internet of Things (IIoT) beschrieben wird.

Die rasant wachsende Leistungsfähigkeit der Sensortechnik bietet in Verbindung mit der Vernetzung über das Internet ungeheure Potenziale für die Datenerfassung, etwa im Bereich Predictive Maintenance.

Steve Case beschreibt diese Phase in seinem Buch „The Third Wave“ als die dritte Welle des Internets bzw. der Vernetzung und fokussiert im Vergleich zur vorherigen Welle auf Partnerschaften, Politik und Durchhaltevermögen (siehe Abbildung).

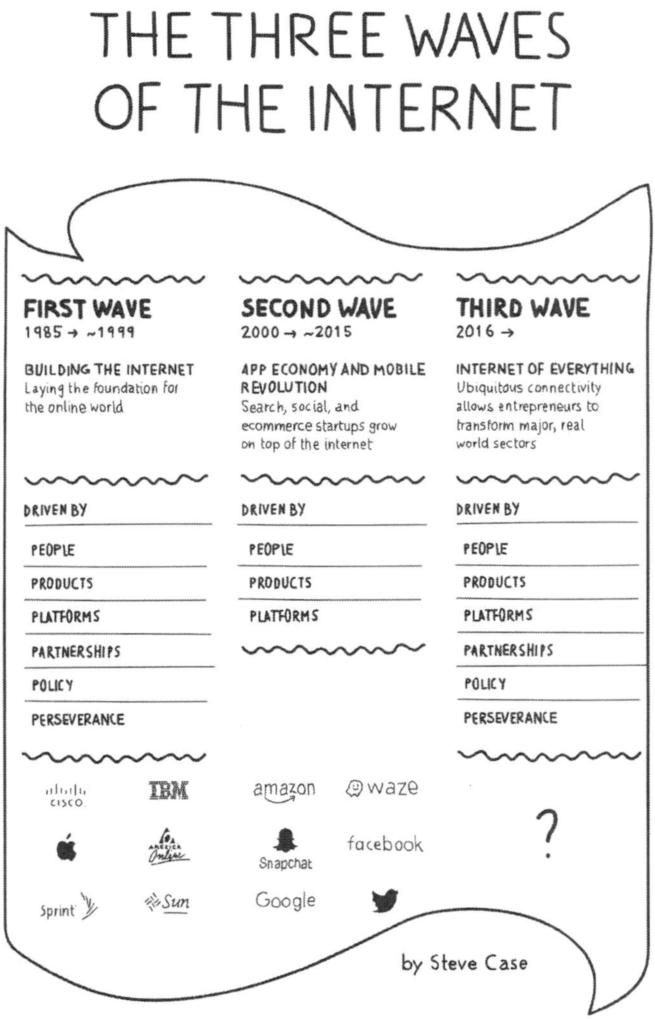

Case beschreibt die dritte Welle hierbei schon nicht mehr als Internet of Things, sondern als die nächste Ausbaustufe: das Internet of Everything. In dieser Phase werde technologisch getrieben nahezu alles in unserem Leben mit dem Internet verbunden sein. Das bestimme, wie wir lernen, einkaufen, arbeiten und unsere Finanzen managen, aber auch wie wir uns fortbewegen und sogar was wir essen. Das Ergebnis aus der Hyper-Vernetzung ist laut Case, dass alles personalisierter, individualisierter und insgesamt datengetriebener wird.

Es wird schon in naher Zukunft nicht mehr darum gehen, zu verstehen, welche Lebensmittel jemand kauft, sondern welche Essgewohnheiten eine Person hat. Die Frage wird nicht mehr sein, wie viel Energie eine bestimmte Person in der Wohnung verbraucht, sondern welche Temperatur sie zum Beispiel zum Schlafen mag. Das schafft radikal neue Dinge!

Informationen und Daten werden in Unmengen erzeugt. Ihre intelligente Verarbeitung und Nutzbarmachung in Echtzeit ist die Fähigkeit der Stunde und wird die Aktivitäten der nächsten Jahre bestimmen. Diese Herausforderung und weitere, die sich daraus auf technischer, organisationaler und menschlicher Ebene ergeben, setzen die Unternehmen einem permanenten Stress aus. Neue datenbasierte Geschäftsmodelle werden dringend benötigt. Zu deren Entwicklung müssen neue Wege beschritten werden. Diese und weitere Veränderungen werden unter dem Begriff der digitalen Transformation subsumiert.

In der Öffentlichkeit wird die digitale Transformation seit vielen Jahren enthusiastisch diskutiert. Leider wird sehr viel seltener gehandelt. Für die meisten Startups ist die Digitalisierung längst „business as usual". Sie nutzen die Vorteile und neuen Möglichkeiten der digitalen Technologien ganz selbstverständlich für sich aus. Die meisten Corporates ringen jedoch nach wie vor mit dem Verständnis der Thematik.

Dabei gilt es, die Transformation als unabwendbare Entwicklung anzunehmen und sich nicht mit Definitionen, Findungs- oder Strategiearbeiten zu verzetteln. Das fällt gerade dem Management in Corporates in der Regel sehr schwer. In etablierten Organisationen wurden jahrzehntelang Wissen und Rationalität hochgehalten. In Zeiten der digitalen Transformation geht es nun aber vor allem darum, mit Nichtwissen und vielen Unbekannten umzugehen. Hinzu kam jetzt noch Corona und damit ein zusätzlicher Beschleuniger für die digitale Transformation.

Niemand kann genau sagen, wo es hingeht. Die Gleise sind noch nicht verlegt, weil die Route noch nicht einmal klar ist, aber trotzdem fährt der Zug schon rasend schnell. Für das Management eines Corporates ist das eine grauenhafte Vorstellung.

Hinzu kommt, dass in dieser Situation neues, digitales Wissen gefordert ist, dass man nicht auf klassischem Wege erlernen kann, etwa an der Universität. Was man wissen muss, erlernt man eher dadurch, dass man an verschiedenen Projekten und Initiativen teilnimmt und Entwicklungen hautnah miterlebt. Nur so kann man verstehen, wie bestimmte operative Dinge funktionieren können, und sich dieses Wissen für eine erfolgreiche digitale Transformation nutzbar machen.

Konkret heißt das, die digitale Transformation in der dritten Welle als Kernherausforderung zu akzeptieren und schnell neue Kompetenzen aufzubauen. Diese müssen anschließend mit bereits bestehendem Know-how verbunden werden. Nur so kann eine zukunftssichere digitale Excellence in einer bestehenden Struktur aufgebaut werden. Im Rahmen der digitalen Transformation geht es also im Wesentlichen um eine Transformation der Kompetenzen.

Diese Herausforderung schafft kein Unternehmen mehr allein, jedenfalls nicht in der vorherrschenden und zunehmenden

Dynamik. Dazu braucht es Partnerschaften. Eine unternehmerische Kernfähigkeit besteht darin, konstruktive Partnerschaften zu finden und zu formen, sowohl zwischen Individuen als auch zwischen Organisationen. Dabei geht es darum, unterschiedliche Partner zu finden und an sich zu binden und sich dabei selbst in einem gewissen Maße treu zu bleiben.

#14

DISRUPTION ALS BEDROHUNG

„Die Zukunft ist schon da. Sie ist nur ungleich verteilt."
– William Gibson

Von der Künstlichen Intelligenz über Laborfleisch bis zum Autonomen Fahrzeug: Wir leben in einer Zeit der Disruptionen. Sie treten nicht selten schnell und unerwartet auf und verändern den Status quo, der bis dahin galt, grundsätzlich und nachhaltig. Disruptionen vertiefen und beschleunigen die Veränderungsdynamik, die durch sie immer weniger vorhersehbar wird. Doch was macht eine Disruption überhaupt aus?

Ich erkläre den Begriff gern mit dem Wackelturm, einem Spiel, das ich mit meinen Kindern immer gespielt habe. Wenn der Turm schon sehr hoch und wackelig ist, gibt es irgendwann einen Stein, der den Turm gerade noch so aufrecht hält, aber zu Fall bringt, wenn man ihn herauszieht. An diesem Stein entwickelten die Kinder immer ein besonderes Interesse und fragten: „Was passiert, wenn ich den Stein herausnehme?" Meine Antwort: „Dann haben wir eine Disruption."

Der Turm fällt, durch einen gewissen Auslöser (Trigger) plötzlich in sich zusammen. Eine Disruption zerstört eine Struktur und verändert die Verhältnisse in ihren Grundzügen.

Disruptionen treten heute auf verschiedenen Ebenen gleichzeitig auf und versetzen Corporates in Stress, da herkömmliche Strategien und existierende Strukturen nicht mehr ausreichen, um diesen Herausforderungen zu begegnen.

Die Corona-Krise hat als Trigger auf vielen Ebenen disruptive Veränderungen ausgelöst. Das Kundenverhalten verändert sich durch die umfangreichen Hygiene- und Abstandsregeln, die eingehalten werden müssen. Die neue Normalität der „Low-Touch-Economy" setzt zum Beispiel den physischen Einzelhandel massiv unter Druck. Unterdessen sind ganze Teile des Reisemarktes wie ein Turm zusammengefallen. Allerdings entstehen durch die Disruptionen auch neue Märkte und Bedarfe, und damit neue Opportunitäten – wie aus dem Nichts (zum Beispiel der Low-Touch-Hygiene-Markt). Es ist auch nicht alles verloren. Oft kann man einige Steine des zerfallenen Turms noch gebrauchen und neu aufbauen.

Auch ohne größere Krisen geht von Startups und Technologie-Unternehmen für Corporates eine große Disruptionsgefahr aus. Manche Unternehmen müssen sich fühlen wie Gulliver, der aus einem Traum erwacht und erkennt, dass er von Liliputanern (den Startups) mit neuartiger Technologie überwältigt wurde.

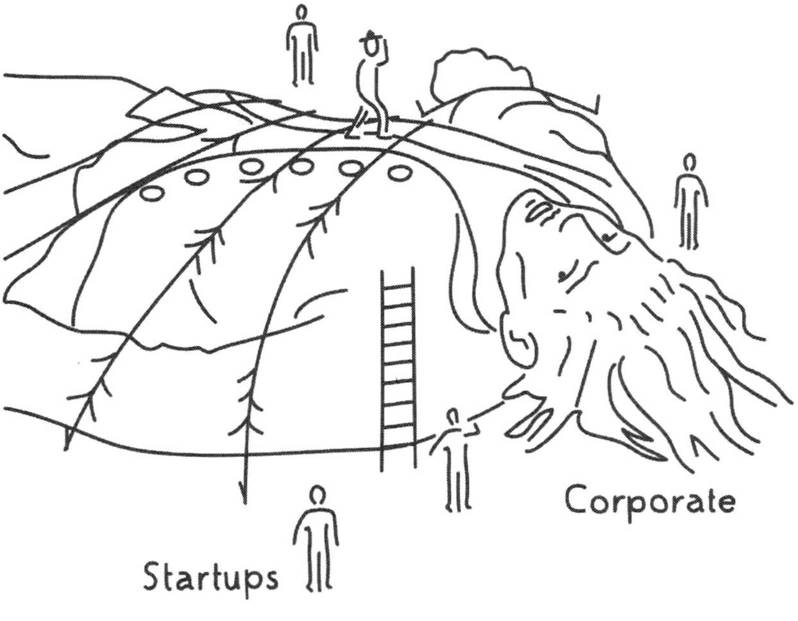

Um das zu vermeiden, benötigen Unternehmen eine andere Einstellung gegenüber Disruptionen. Anstatt an veralteten Abläufen und Strukturen festzuhalten, bis es zu spät ist, müsste getreu Steve Jobs bekanntem Motto „If you don't cannibalize yourself, someone else will" ein Wille zur „Selbst-Zerstörung" aufgebaut werden. Disruption muss zur Strategie oder zumindest zu einem wesentlichen Teil der Unternehmensstrategie werden.

Besonders deutlich wird das bei den großen digitalen Tech-Konzernen, also Google, Apple, Facebook, Amazon und anderen, von denen die meisten kaum 20 Jahre alt sind. Diese veränderten mithilfe von Internet und Smartphone nicht nur die Schnittstelle, sondern die gesamte Art und Weise der Kundeninteraktion. Damit wurden ganze Unternehmenslandschaften und teils ganze Branchen disruptiert.

Vor allem in der zweiten Welle des Internets sind zwei Dinge passiert. Einmal gab es den Web-Boom, aus dem Unternehmen wie Amazon, Google und später auch Facebook entstanden sind. Das Internet war das neue große Ding. Darauf folgte der Smartphone-Boom (2007–2015), aus dem Unternehmen wie Uber, WhatsApp oder Instagram entstanden.

Aktuelle Entwicklungen deuten darauf hin, dass neue Technologien komplizierter werden, um wirklich bahnbrechend zu sein. Entsprechend ist die Entwicklung aufwendiger und damit teurer. Das wiederum begünstigt Unternehmen, die bereits über Skalierungskapazitäten verfügen und Zugang zu entsprechendem Talent und Kapital haben. Das ist auch der Grund, warum Google in der Lage ist, das Internet mit Ballons am Himmel in entlegene Regionen zu bringen, warum Amazon sich im Smart-Home-Bereich breitmachen kann und warum Facebook zwischenzeitlich über eine eigene Währung nachgedacht hat.

Einige Technologien, die als Disruptionen gehandelt wurden, haben es bislang nicht geschafft, eine wirkliche Verbreitung und damit Veränderung zu erlangen, zum Beispiel Blockchain. Andere wie beispielsweise Voice, also Spracherkennung, werden als eine der nächsten großen disruptiven Technologien gehandelt. Gerade Voice würde ich selber nicht als Disruption einstufen, da damit nur die Schnittstelle verändert wird, also die Eingabeform. Das Neue ist die dahinter liegende Künstliche Intelligenz, die mithilfe der Spracherkennung funktioniert. Versteht man die Künstliche Intelligenz nicht als Feature, sondern als Infrastruktur, auf der verschiedene Applikationen laufen, dann hat sie das Potenzial dafür, nach dem iPhone und Apps die nächste große Revolution einzuleiten.

Jetzt könnte man fragen, warum sich Unternehmen überhaupt so schwer damit tun, solche Disruptionen zu erkennen. Das liegt sicher nicht an der Inkompetenz. Meist ist sogar genau das Gegenteil der Fall. Unternehmen sind so wahnsinnig gut in den Dingen, die sie tun, dass es ihnen schwerfällt oder auch schlichtweg nicht auffällt, dass Gefahren drohen. Dies lässt sich durch das Innovator's Dilemma nach Clayton Christensen erklären. Unternehmen erkennen zwar neue Technologien, unterschätzen aber deren Möglichkeiten und Folgen. Nicht selten werden neue Technologien und Entwicklungen als Spielerei abgetan. Stattdessen investieren etablierte Unternehmen lieber in das bestehende ertragssichere (Kern-)Geschäft. Leider ist dieses oft schon im reiferen Stand und wenig zukunftsträchtig. Wenn die neuen Technologien sich dann durchsetzen und Disruptionen erzeugen, ist es meist zu spät. Einer der bekanntesten Fälle ist sicher Kodak.

Ich kenne Unternehmen, die als Methode zur besseren und frühen Erkennung von möglichen Disruptoren das „Nightmare Competitor Szenario" anwenden. Dabei wird versucht zu antizipieren, wer potenzielle Disruptoren und damit neue Wettbewerber sein könnten. Ein solcher Ansatz soll Unternehmen dabei helfen, sich frühzeitig mit den möglichen Gefahren auseinanderzusetzen und entsprechend aktiv zu werden.

Startups – also jene, die sich daranmachen, die übermächtigen großen Unternehmen anzugreifen – sind von der Disruption auch nicht befreit. Hat es zum Beispiel ein Startup geschafft, den Code für eine Branche oder ein Problem zu knacken, dann gibt es schnell andere, die ihm nacheifern. Es bleibt ein Zeitfenster von vielleicht fünf Jahren, um die Marktführerschaft zu sichern.

#15

DIE ADAPTIONS-LÜCKE

Die zunehmende Geschwindigkeit technologischer Innovationen stellt einen wichtigen Bestandteil im Kontext digitaler Disruption dar. Das ist jedoch nicht der wichtigste Teil des Problems, vor dem Organisationen stehen. Es gibt nachweislich einen Unterschied zwischen dem, was technologisch möglich ist, und dem, was Individuen und Organisationen davon aufnehmen und verarbeiten können. Da dies gerade in Zeiten der digitalen Transformation von hoher Bedeutung ist, möchte ich dieses Phänomen hier kurz aufgreifen.

Es liegt auf der Hand, dass mithilfe des eigentlich technologisch Machbaren theoretisch unvorstellbare Produktivitätszuwächse erzielt werden könnten. Allerdings besteht eine enorme Lücke zwischen der technologischen Entwicklung und dem echten Produktivitätszuwachs. In Deutschland zum Beispiel ist die Produktivität drei Jahre in Folge nur um rund 0,4 Prozent gestiegen. Warum das so ist, zeigt ein Bild aus einer Deloitte-Studie aus dem Jahr 2017 (siehe Abbildung).

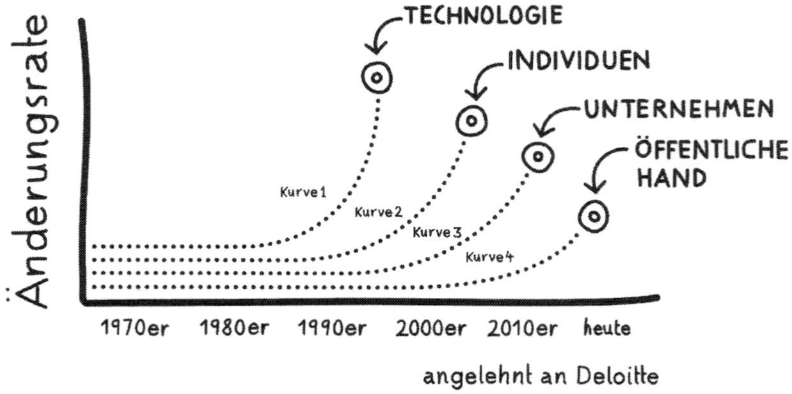

Technologie ist der Trigger aller Veränderung. Sie verändert Menschen, Unternehmen und Institutionen in unterschiedlichen Geschwindigkeiten. Die der technologischen Entwicklung (Kurve 1) zeigt einen exponentiellen Anstieg. Wir erleben eine dramatische Zunahme des technologisch Machbaren. Kurve 2 beschreibt die Adaption bzw. Annahme dieser Entwicklung durch die einzelnen Individuen. Diese erfolgt relativ schnell. Ein Beispiel dafür ist das iPhone, das von den Menschen binnen kurzer Zeit als Alltagsgegenstand akzeptiert wurde.

Eine deutlich größere Lücke besteht jedoch zwischen der Entwicklung der Technologie (Kurve 1) und der Fähigkeit von Organisationen, diese zu adaptieren (Kurve 3). Auch hier eignet sich das Beispiel des iPhones. Ich kenne Unternehmen, die heute immer noch daran arbeiten, ihre erste App zu entwickeln. Und das mehr als ein Jahrzehnt nach Einführung des iPhones bzw. dem Beginn des Siegeszuges des Smartphones. Gerade große Organisationen sind langsamer in der Adaption der Technologie, weil ihre bestehende Praxis auf Planungszyklen, Strukturen, Job Design und Kompetenzen statt auf dem Setzen und vor allem Umsetzen von Zielen beruht.

Diese sind oft noch im letzten Jahrhundert entstanden und lassen sich nur sehr schwer anpassen.

Als Letztes sehen wir die Kurve der öffentlichen Hand und Politik (Kurve 4). Dort dauert es in der Regel am längsten, bis technologische Neuerungen adaptiert werden. Man braucht sich nur die Behörden anschauen, in denen viele Daten noch auf Papier gehändelt und auch gespeichert werden. Oder Schulen und Hochschulen, an denen immer noch auf Kreidetafeln geschrieben wird und der gute alte Polylux zur Standardausstattung gehört.

Dabei gibt es hier eine Vielzahl an digitalen Technologien, die radikale Veränderungen bewirken können. Man denke nur an die Videokonferenz-Tools, die in Zeiten von Corona auf einmal flächendeckend eingesetzt wurden. Hier konnte man auf einmal eine relativ schnelle Adaption auf allen Stufen wahrnehmen.

Aus meiner Sicht ist die Adaptionslücke bei Unternehmen aus der sogenannten Slow Chain Economy (zum Beispiel Gesundheit, Bildung oder Bau) besonders groß. In diesen Industrien ist der Produktivitätszuwachs besonders niedrig. Sie sind teilweise hochgradig reguliert und der Aufwand, der nötig ist, um den Betrieb sicherzustellen, steigt permanent. Gerade hier kann die Technologie helfen. Daher müssen die Adaptionsphasen möglichst schnell durchlaufen werden, sodass wirkliche Veränderungen geschehen können.

Startups bestehen zum Anfang meist nur aus wenigen Individuen. Daher fällt es ihnen relativ leicht, schnell neue disruptive Technologie für sich nutzbar zu machen, passende Antworten zu finden und damit einen Vorsprung zu erzielen.

Es muss jedem klar sein, dass digitale Transformation keine technologische Herausforderung ist. Vielmehr sind es die organisationalen und individuellen Hürden in der Adaption und damit in der Annahme der neuen Technologien, die es zu überwinden gilt. Dafür sind Startups deutlich besser aufgestellt als Corporates. Wem es dann noch gelingt, neben bzw. mit dem Einsatz der Technologie eine grandiose Customer Experience zu schaffen, dem kann die Zukunft nicht disruptiv genug sein.

#16

PLATTFORMEN UND DIE RELEVANZ DER KUNDENSCHNITTSTELLE

Wir leben aktuell in einer Welt, die von Plattformen dominiert wird. Plattformen haben den Vorteil, dass sie in der Regel selber wenig physische Assets besitzen und trotzdem die Regeln des jeweiligen Spiels (Geschäfts) vollständig bestimmen. Sieben der zwölf größten Unternehmen sind Plattform-Unternehmen. Alibaba, Alphabet (Google), Amazon, Apple, Facebook, Microsoft und Tencent gehören mit ihren dominierenden Plattformen auch zu den – gemessen an der Marktkapitalisierung – wertvollsten Unternehmen der Welt. Abkürzungen wie GAFA (Google, Apple, Facebook und Amazon) sind somit nicht vollständig, da sie die großen chinesischen Player nicht berücksichtigen. Daneben sind viele der großen Startup-Einhörner wie Airbnb und Uber auch Plattformen.

Diese Unternehmen haben die Plattform als Geschäftsmodell auf der Technologie des Internets und der damit einhergehenden Vernetzung aufgebaut. Plattformen, die als Marktplätze auftreten, gehören zur bereits beschriebenen zweiten Welle. Sie stellen die erste wichtige Form der Plattformen dar: transaktionsbasierte Plattformen.

Plattformen agieren als Intermediäre für den direkten Austausch zwischen zwei oder mehr Parteien. Sie vereinfachen das Matching zwischen Angebot und Nachfrage mithilfe von

Technologie und kümmern sich um die gesamte Abwicklung. Für die Verbraucher schaffen die Plattformen Convenience. Gleichzeitig nehmen sie den Anbietern gewisse Aufgaben ab, etwa die Kundenakquisition oder die Abrechnung. Das erlaubt den Anbietern, sich ganz auf die Erstellung ihrer Produkte oder die Bereitstellung ihrer Dienstleistungen zu fokussieren.

Die Plattformen profitieren vom Netzwerkeffekt: Umso mehr Verbraucher auf einer Plattform einkaufen, desto interessanter wird diese Plattform für Händler. Wenn es mehr Händler gibt, wird die Plattform wiederum attraktiver für Verbraucher. Dies gilt vom Grundsatz her für alle Plattformen.

Die zweite wichtige Form sind die Innovationsplattformen (auch Makers oder Creators-Plattformen genannt). Diese Plattformen ermöglichen es bestimmten Nutzergruppen, individuelle Angebote in Form von digitalen Produkten zu schaffen und diese zu vermarkten. Das geschieht vor allem über eine direkte Kundenbeziehung unter Zuhilfenahme weiterer Tools zur Differenzierung.

Diese Plattformen unterstützen damit aktiv Internet-gestütztes Entrepreneurship. Das wiederum zahlt stark auf die zunehmende Relevanz der Startups und der aufkommenden Gig Economy ein. Da die jeweiligen Gründer sich „nur" noch um ihr eigentliches Produkt kümmern müssen und nicht mehr um den technischen Aufbau der notwendigen Infrastruktur. Ein gutes Beispiel für eine Innovationsplattform ist Shopify.

Die großen Plattform-Unternehmen bedienen heute beide Formen mit den vielfältigen Angeboten ihrer Plattformen und sind sicher auch deshalb weiterhin so erfolgreich. Man stelle sich nur vor, Amazon wäre beim reinen transaktionsbasierten

Modell geblieben und würde weiterhin nur Bücher bzw. Waren verkaufen.

Eines haben alle erfolgreichen Plattformen gemein – sie dominieren direkt oder indirekt die Kundenschnittstelle, in dem sie eine völlig neue Form der Kundeninteraktion anbieten und damit den Nutzer an sich binden. Und darum geht es letztlich in einer Plattform-Ökonomie.

Diese Entwicklung hat im B2C-Bereich angefangen und arbeitet sich jetzt langsam immer weiter in der Wertschöpfungskette nach hinten durch. Besonders für deutsche Unternehmen aus den industriellen und verarbeitenden Branchen ergibt sich dadurch aus meiner Sicht eine Chance. Mithilfe der Technologie und passenden Geschäftsmodellen steht es jedem Unternehmen frei, sich eine eigene Schnittstelle zum Kunden aufzubauen und über diese zu lernen, was es heißt, direkt mit dem Kunden zu interagieren.

Mit Unternehmensvertretern diskutiere ich gern folgendes Szenario: Sie sollen sich kurz vor Augen halten, wie heute Musik konsumiert wird. Die überwiegende Mehrheit der Menschen nutzt heute irgendeinen Musik-Streamingdienst (Spotify und Co.), um Musik zu hören. Da stimmen alle zu. Anschließend muss man sich fragen: Welche Rolle spielen eigentlich noch die Musikindustrie oder der Handel mit Tonträgern? Keine wirklich relevante, zumindest in Bezug auf den Kunden. Sie sind zum reinen Zulieferer degradiert, ohne direkten Kundenzugang. Der Künstler kann demnach mit Plattenverkäufen kein Geld mehr verdienen. Deshalb setzten die meisten auf Konzerte, Merchandising und dergleichen. An dieser Stelle wird allen klar, dass der Kampf um die Kundenschnittstelle (vorerst) entschieden ist und Spotify und Co. als Sieger hervorgehen.

Insgesamt geht es also immer um die Frage: Wer „besitzt" und dominiert die Kundenschnittstelle? Mit Besitz der Kundenschnittstelle kann man den Kunden fortlaufend analysieren und besser verstehen. Anschließend kann man aus den Erkenntnissen weitere sinnvolle Services ableiten und die gesamte Customer Journey permanent verbessern.

Mit der weiter fortschreitenden Technologisierung und dem Bedeutungsgewinn von Daten werden wir zukünftig mehr und mehr hybride Plattform-Modelle sehen. Das bedeutet, dass Plattformen sowohl bei der Transaktion als auch bei der Innovation gleichzeitig helfen.

Hinzu kommt, dass diese Entwicklung sich in allen erdenklichen Markt- und Produktnischen fortsetzen wird. Plattformen sind damit ein wichtiger Treiber für Veränderung in den nächsten Jahren. Künstliche Intelligenz und weitere Deep-Tech Entwicklungen werden die gesamte Dynamik rund um die Plattformen weiter befeuern. Denn mit der exponentiellen Zunahme der generierten Datenmenge werden intelligente Systeme besser in der Lage sein, den Nutzer zu verstehen, und damit die Relevanz der Plattformen weiter erhöhen.

Die weitere Entwicklung der Plattformen wird vermutlich dazu führen, dass wir einem „Anything-as-a-Service" nahekommen werden. Das hieße, dass nahezu alles so einfach als Dienstleistung verfügbar wäre, wie das heute zum Beispiel bei Software der Fall ist.

#17

DER ABNEHMENDE LEBENSZYKLUS

Wozu führen all die drastischen Veränderungen, die durch Technologie, Plattformen und Disruption getrieben werden? Letztlich dazu, dass Unternehmen immer weniger Zeit bleibt, um mit einem bestehenden Geschäftsmodell Geld zu verdienen. Dies trifft sowohl für Startups zu als auch, und zwar in besonderem Maße, auf Corporates.

Gerade Firmen mit langer Unternehmensgeschichte und Tradition stehen schwer unter Beschuss. Um das zu belegen, wird immer wieder über die sinkende Verweildauer in Aktienindizes gesprochen. Man geht davon aus, dass ein Unternehmen, das in einem Index relativ erfolgreich ist, viele Dinge richtig tut. Steigt es aber aus dem jeweiligen Index ab oder verschwindet sogar ganz, deutet das meist darauf hin, dass irgendetwas nicht stimmt bzw. die Relevanz des Geschäftsmodells nicht mehr gegeben ist.

Am Beispiel des S&P 500 konnte gezeigt werden, dass die durchschnittliche Verweildauer zusammengeschrumpft ist, von etwa 60 Jahren im Jahr 1955 auf etwa 15 bis 20 Jahre in der heutigen Zeit (siehe Abbildung). Konkret auf den S&P 500 bezogen sind allein in den letzten 15 Jahren gut 50 Prozent der Unternehmen aus dem Index verschwunden.

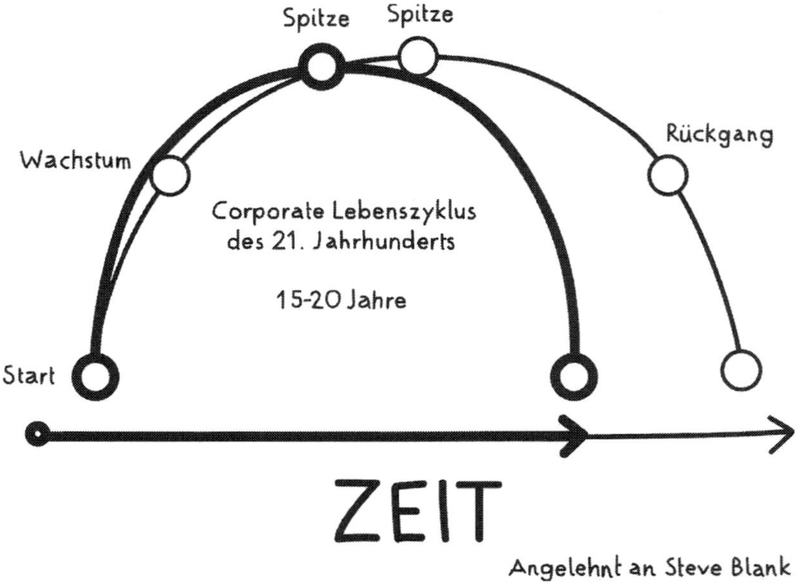

Diese hohe Veränderungsdynamik ist auf der einen Seite getrieben durch Technologie und Daten (hier konkret deren Verfügbarkeit und Verarbeitungsgeschwindigkeit). Auf der anderen Seite entstehen permanent neue Wettbewerber und Player, die die bestehenden Normen verschieben und Grenzen neu setzen.

Gerade mit Blick auf bestehende Märkte findet eine Konvergenz statt. Das bedeutet, dass sich alte Marktgrenzen verschieben oder Strukturen ineinanderwachsen. Dabei entstehen immer schneller gänzlich neue Märkte und Kategorien. Daimler wurde zum Beispiel für lange Zeit ganz selbstverständlich am Konkurrenten BMW gemessen. Heute haben es die Stuttgarter Autobauer auch mit Tesla, Uber und Google zu tun.

Man kann davon ausgehen, dass prinzipiell jeder, der über ein gewisses Talent, technische Fähigkeiten und einen Internetanschluss verfügt, in kurzer Zeit zum Herausforderer für bestehende Player werden kann. Digitale Geschäftsmodelle aufzubauen ist heute viel einfacher als das Hardware-basierte Geschäft, das viel Kapital und Know-how für physische Assets benötigt.

Alles in allem ist es wichtig, nichts als gesetzt und gegeben hinzunehmen. Unternehmen müssen lernen, dass sich Wissen und Kompetenzen durch die Vernetzung viel schneller verbreiten und verbinden lassen. Ein schönes Beispiel dafür ist Kaggle, eine weltweite Plattform für KI-Spezialisten. Solche Netzwerke schlagen geschlossene Organisationen um Längen, wenn es um State-of-the-Art-Technologie-Know-how geht. Wie will eine Organisation bei der beschriebenen Veränderungsgeschwindigkeit jemals allein up to date bleiben? Unmöglich!

Offenheit beim Wissensaustausch ist eine wichtige Grundvoraussetzung, denn Wissen ist eines der wenigen Güter, das seinen Nutzen vervielfachen kann, wenn man es teilt. Das kann eine Antwort auf den dramatischen Verfall des Lebenszyklus von Corporates sein.

#18

INNOVATION ALS ZUKUNFTS-ASSET

Schaut man sich die Situation der Corporates von heute genauer an, wird eines besonders deutlich: Innovation ist und bleibt das wesentliche Asset für Unternehmen, wenn nicht sogar die einzige Chance, um langfristig bestehen zu können. Das gilt vielleicht während und nach der Corona-Krise mehr denn je.

Die Bedeutung von Innovation zum Überleben von Corporates ist hinreichend belegt. CB Insights hat erst kürzlich wieder ermittelt, dass knapp 85 Prozent aller Entscheider Innovation als sehr wichtig einstufen. Gleichzeitig merken aber auch 78 Prozent an, dass sie Innovationen lediglich schrittweise, also inkrementell einführen. Das heißt, es finden keine großen oder gar radikalen Innovationssprünge statt. Die braucht es aber, um langfristig bestehen zu können.

Grundsätzlich kann man zwischen einer inkrementellen Innovation (in kleinen Schritten) und einer radikalen Innovation (ein großer Sprung) unterscheiden. Eine ähnliche Abstufung ist die zwischen evolutionär (inkrementell) und revolutionär (radikaler Bruch).

Praktischer finde ich folgende Abstufung von Innovationen:

1) Vitamin (eher kleine, inkrementelle Innovationen, nice-to-have)

2) Painkiller (wirkliche Problemlösungen, können inkrementell, aber auch radikal sein)
3) Gamechanger (auf jeden Fall radikal, meist revolutionär, teils eine Disruption!)

Was das heißt, möchte ich am Beispiel der Mobilität erläutern. Elektro-Scooter oder Leihfahrräder wirken eher wie ein Vitamin. Sie machen Spaß und sind praktisch, der Verbraucher kommt jedoch auch gut ohne sie zurecht. Ridesharing-Dienste wie Uber sind eher Painkiller. Wer einmal in letzter Minute einen Flug erreichen musste, weiß das. Hingegen dürfte das Autonome Fahren, wenn es denn kommt, ein Gamechanger sein. Die Fortbewegung wird dadurch grundsätzlich verändert.

Innovation ist letztlich eine Frage des Blickwinkels. Ich plädiere immer für einen möglichst subjektiven Blick. Also dafür, die Innovation aus Sicht des Unternehmens oder maximal seiner Branche zu betrachten. Natürlich kann man sich auch das Ziel setzen, etwas Neues für die gesamte Welt zu schaffen. Aber dieser Anspruch ist in der Praxis in der Regel doch sehr ambitioniert.

Insgesamt finde ich es toll, dass inzwischen so viele Unternehmen die Relevanz und Wichtigkeit von Innovation verstanden haben. Es stellt sich nur immer wieder die Frage: Warum sind sie dann nicht in der Lage, so wie Startups zu innovieren? Leider gibt es darauf keine einfache Antwort. Ich möchte trotzdem ein paar Erklärungsansätze aufzeigen.

Zunächst muss erstmal klar sein, dass Innovation eine Aktivität ist, die dezentral verläuft und unvorhersehbar ist. Innovation passiert nicht in formellen Strukturen, sondern im informellen Rahmen. Das bedeutet jedoch keineswegs, dass sie sich jeder Kontrolle entzieht.

Ein wichtiger Punkt ist, dass uns unser bestehendes Wissen über das, was wir kennen, stark einschränken kann in unserer Vorstellungskraft in Bezug auf das, was möglich wäre. In diesem Zusammenhang sind Begriffe wie Pfadabhängigkeit oder neuerdings auch der strategischen Blindheit immer wieder in der Diskussion.

Das bereits erwähnte Innovators-Dilemma kommt einem wieder in den Sinn. Wenn ein Unternehmen tief im Markt verwurzelt ist, eine umfassende Produktkompetenz und Technologie aufgebaut hat und damit insgesamt erfolgreich unterwegs ist, dann fällt es diesem Unternehmen schwerer, sich für neue Geschäftsmodelle zu öffnen, die den Markt verändern.

Weitere Widerstände und Hürden für Innovation in Corporates sind u.a.:

1) Kurzfristiges Wirtschaften
2) Besitzstandswahrung
3) Bürokratie
4) Angst vor Veränderung
5) Unflexible Organisation und Abteilungsdenken
6) Risikominimierende Investitionen

Zum letzten Punkt fällt mir wieder ein Zitat von Peter Thiel ein: „Wenn Unternehmen nicht in die schwierige Entwicklung von wirklich Neuem investieren, dann werden sie bedeutungslos, egal, welche Gewinne sie heute erzielen."

In meiner Arbeit mit den Unternehmen spüre ich immer eine gewisse Skepsis und Verschlossenheit gegenüber dem, was kommt. Dabei ist eines klar: Steht man der Zukunft nicht offen gegenüber, dann kann das kein guter Start für Innovationen sein. Natürlich kann niemand vorhersagen, was die Zukunft bringt. Aber wenn man sich mit Innovation auseinandersetzt, wird es immer mehr unbekannte Dinge geben als bekannte.

Hier spricht man auch von einer „series of unknown things". Es genügt nicht, sich am Wettbewerb auszurichten oder dem Marktführer hinterher zu eifern. Innovationen von heute sind oft die Lösungen für Probleme von morgen. Im Umkehrschluss sind die Best Practices von heute morgen eine Sackgasse. Die besten Wege sind neu und unbekannt.

Junge, ungezwungene Unternehmen, also Startups, sind die besten Orientierungspunkte für Corporates. Sie gehen mit Leidenschaft an die Sache, nutzen ungewöhnliche Methoden und hinterfragen alles Bestehende. Außerdem haben sie den Drang, neue Problem-Lösung-Kombinationen zu suchen und diese erfolgreich auf den Markt zu bringen. Vieles davon wird belächelt, aber klar ist auch: „Jedes Ding erscheint zuerst lächerlich, dann wird es bekämpft, schließlich ist es selbstverständlich" (Arthur Schopenhauer).

Der Wettstreit zwischen Corporate und Startup vollzieht sich somit auf der Ebene Geschwindigkeit. Im Wettlauf geht es also darum, ob es dem Startup gelingt, die Innovation schneller flächendeckend und stabil zu liefern, als es der Corporate gelingt, überhaupt eine Innovation hervorzubringen.

Aber warum sind Corporates generell so langsam beim Thema Innovationen? Hochqualitative Produkte in einer bestimmten Zeit, in Budget und skalierbar zu entwickeln – das war doch die Kernkompetenz von Corporates im vergangenen Jahrhundert. Tools, Techniken und Denkweisen waren und sind in Unternehmen immer noch darauf ausgerichtet.

Standardisierung und Massenfertigung sind Früchte dieser Zeit, ebenso Lean Manufacturing und Six Sigma.

Doch allzu oft fehlt in den Köpfen der Mitarbeiter die Vorstellung: „Mein Job ist es, neue Dinge zu lernen." Ganz im Gegenteil. Die Mehrheit ist darauf trainiert, richtig gut in etwas zu werden und das dann genau so beizubehalten. Das ist inkrementelles Lernen mit dem Anspruch auf Perfektion. Das Problem ist: Wenn ein Unternehmen einmal ein erfolgreiches Produkt auf den Markt gebracht hat, ist es deutlich schwerer, das noch einmal zu tun bzw. den Erfolg zu wiederholen. Das geht selbst Startups so.

Die bereits angesprochene Dynamik und Veränderungsgeschwindigkeit verschärfen die Situation. Konnte man früher darauf vertrauen, mit einer Innovation mehrere Jahre einen Vorteil zu haben, sind das heute meist nur noch ein paar Monate.

Ich erlebe immer wieder, dass die Corporates kein Problem damit haben, über Innovation zu sprechen oder sich vieles diesbezüglich vorzunehmen. Allerdings ist ihr gesamtes Vorgehen viel zu stark formalisiert und prozessualisiert – und damit letzlich zu langsam. Ich habe vielfach selbst erlebt, dass zwischen der Idee und der erfolgreichen Markteinführung eines innovativen Produkts mehrere Jahre in Unternehmen vergehen können. In etablierten Organisationen sind es zehn und mehr Prozessstufen und unzählige Abteilungen, Hierarchiestufen und Entscheidungsgremien, die ein Innovationsvorhaben passieren bzw. involvieren muss. Da verwundert es nicht, dass die Durchlaufzeit entsprechend lang ist. Dabei wünschen sich 80 Prozent der Führungskräfte in deutschen Unternehmen mehr Tempo im Innovationsprozess.

Aus Startup-Sicht ist es hingegen relativ leicht, aus einer Idee ein marktfähiges Produkt zu entwickeln und ein Unternehmen aufzubauen. Die Kosten für den initialen Aufbau eines technologiegetriebenen Startups liegen heute längst nicht mehr im Millionenbereich. Wenn Startups sich auf komplexe B2B Themen und DeepTech fokussieren, sieht es allerdings anders aus. Hier braucht schnell sechsstellige Beträge und mehr, sowie einen längeren Atem und Durchhaltevermögen.

Insgesamt führt es dazu, dass immer mehr neue Player in Form von Startups in immer kürzeren Abständen von allen Seiten die bestehenden Strukturen und Märkte der Corporates angreifen. Keine Nische bleibt dabei verschont. Es wird keine Verschnaufpause für Corporates geben.

#19

VON DER NISCHE ZUM CHAMPION UND ZURÜCK

Lange galt der Economy-of-Scale-Effect in der Wirtschaft als das Maß aller Dinge. Dahinter steht: Wird die produzierte Menge erhöht, sinken die durchschnittlichen Kosten der Produktion pro hergestellter Einheit.

Digitale Technologien und Plattformen haben diesen Ansatz nach außen gestülpt. Skalierung von Technologie kann im digitalen Zeitalter auf Knopfdruck erreicht werden und ist sofort für relativ überschaubare Kosten verfügbar.

Immer relevanter wird somit der Ansatz „Economy of Unscale". Anstatt zu versuchen, Wettbewerbsvorteile schlicht durch Größe zu erzielen, wird jeder Kunde mehr oder weniger individuell bedient. Mithilfe von Mobile, Cloud, Social Media und vor allem Künstlicher Intelligenz wird der Traum von Mass Customization (kundenindividuelle Massenproduktion) greifbar.

Für den deutschen Mittelstand ergeben sich daraus einzigartige Möglichkeiten. Das Erfolgsrezept der oft inhabergeführten Unternehmen mit langer Tradition lag lange Zeit darin, in der Nische ein überragendes Produkt zu entwickeln. Mit dem Aufkommen der Globalisierung hat sich das Geschäftsmodell dann weiter verändert. Man konnte zum Lieferanten für die globalisierte Welt werden. Damit kam natürlich auch das Thema Skalierbarkeit und Effizienz immer mehr zum Tragen.

Das Modell des deutschen Mittelstands ist einzigartig in der Welt. Hierzulande gibt es mehr als eintausend Hidden Champions bzw. Marktführer in bestimmten Nischen. Durch Anfragen zu Startup-Touren und bei Veranstaltungen außerhalb der Metropolen erfahre ich immer wieder, was für großartige Unternehmen mit tollen Produkten wir in Deutschland haben, die es in ihrer Nische zu Wohlstand und einer Marktführerschaft gebracht haben.

Leider ist der Weg des deutschen Mittelstands im digitalen Zeitalter zunehmend schwierig geworden. Bei digitalen Geschäftsmodellen spielen Netzwerkeffekte eine übergeordnete Rolle und es gilt häufig das Prinzip „The Winner takes it all".

Wenn Größe und Reichweite im Vordergrund stehen, ergibt sich für mittelgroße Unternehmen die Herausforderung, dass es zukünftig weniger Nischen gibt, die sich erfolgreich verteidigen lassen.

Für die Hidden Champions ist die Zeit des Versteckens vorbei. Das Internet macht nahezu jede Nische transparent. Das führt zu mehr Wettbewerb als je zuvor. Keine Nische ist mehr sicher. Startups drängen als neue Player in Märkte, die bisher keine Beachtung fanden. Jedes Unternehmen hat gefühlt doppelt so viele Konkurrenten wie noch vor fünf Jahren.

Viele Corporates aber auch Startups sehen ausschließlich große Märkte als Chance für große Opportunities. Doch das Denken in Marktgrößen allein ist trügerisch. Es ist zwar weiterhin richtig, dass ein großes Geschäft auf großen Märkten entsteht.

Die Kunst besteht aber darin, klein in Nischen zu beginnen und neue Märkte zu schaffen bzw. sie zu kreieren.

Statt die gesamte Energie darauf zu fokussieren, den Kunden zu finden, muss es Ziel sein, den Kunden zu generieren. Hierzu ist neben einem möglichst radikalen Produkt (mindestens Painkiller) auch immer ein neues innovatives Geschäftsmodell notwendig (siehe Abbildung).

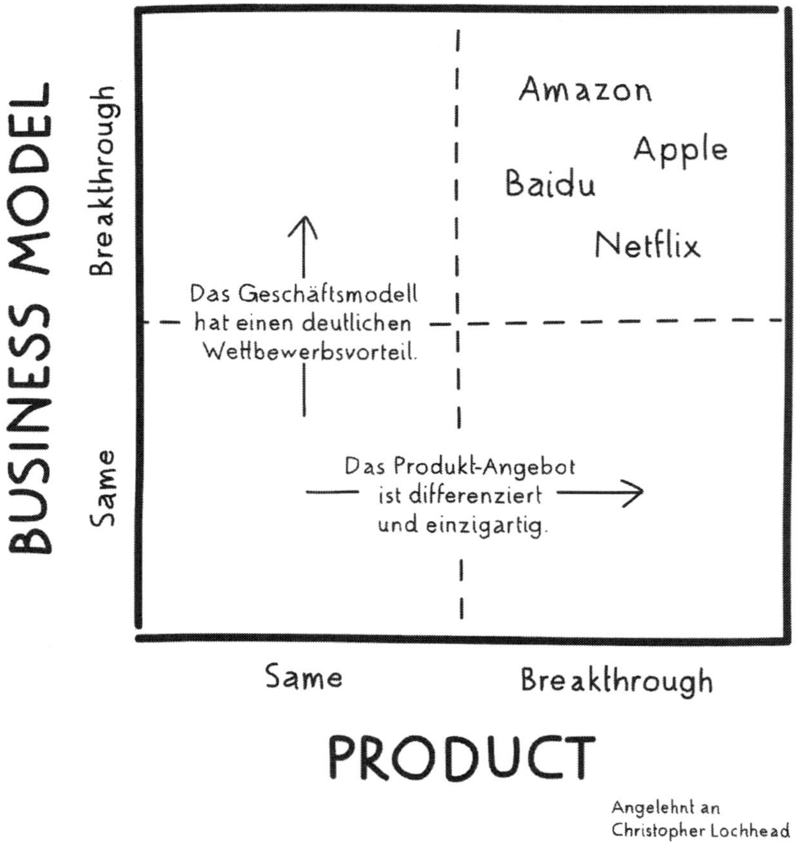

Dieses Erkennen und Adressieren von Nischen und das Schaffen von komplett neuen Produkt-Lösung-Kombinationen lässt sich unter dem Begriff Category Creation oder Category Design zusammenfassen. Steve Jobs hat den Bedarf für Smartphones oder Tablets nicht entdeckt, sondern er hat ihn designt, indem er eine gänzlich neue Kategorie geschaffen hat. Apple dominiert diese Kategorie auch nach mehr als zehn Jahren noch und ist damit ein herausragendes Beispiel für einen Category King.

Die Category Creation gelingt Startups oft besser als etablierten Playern. Startups wird oft unterstellt, dass sie einfach nur schnell reich werden wollen. Ein viel wichtigeres Merkmal ist aber ihre Bereitschaft, neue Märkte zu schaffen und echte Probleme zu lösen. Schafft man es zum Category King, ist das Reichwerden hinten raus wahrscheinlicher.

Eine Aussage vom mymuesli-Gründer Max Wittrock passt da ganz gut: „Man möchte die Nadel im Heuhaufen sein, nicht der Heuhaufen.“ Damit ist klar, dass es nicht mehr darum gehen kann, ein Business für jeden zu bauen, denn „by serving everybody you service nobody.“

Pat Flynn, der Betreiber eines sehr empfehlenswerten Podcasts, hebt regelmäßig hervor, dass wir uns wieder mehr darauf fokussieren müssen, Probleme für eine spezielle Nutzergruppe in den Nischen zu identifizieren und darauf eine einzigartige Lösung zu entwickeln. Gelingt das, passt sein Satz sehr schön: „The riches are in the niches.“

#20

KUNDENFOKUSSIERUNG VS. KUNDENSICHT

Obwohl ich über die Jahre mit sehr vielen Unternehmen unterschiedlicher Größen zu tun hatte, erstaunt es mich auch heute immer noch, wie oft ich auf Projekte und Teams treffe, die mir nicht sagen können, welches Problem sie für welche spezifische Kundengruppe lösen. Das sollte jedes Team in wenigen Sätzen formulieren können – und zwar aus Kundenperspektive!

Es sollte längst überall hin durchgedrungen sein, dass der Fokus auf dem Kunden liegen muss, wenn es um echten und langfristigen Unternehmenserfolg geht. Der Kunde ist die „Truth Reality“, die einzige Wahrheit, die zählt.

In den letzten Jahren ist der Kunde vom Ende der Wertschöpfungskette an den Anfang gerückt. Das Denken in Produkten wurde ersetzt durch das Denken in Kundenproblemen, was letztlich dazu führte, dass Problemlösungen statt Produkte verkauft werden. Diese Entwicklung setzt sich konsequent fort, da es jetzt immer mehr darauf ankommt, eine überragende Experience zu schaffen bzw. zu verkaufen.

Viele Unternehmen stellt das vor große Herausforderungen. Warum? Aus mehreren Gründen. Erstens, weil sich

Unternehmen, die den Fokus auf Effizienz richten, beinahe automatisch vom Kunden entfernen. Zweitens, weil sie lernen müssen, dass „ganz okay" nicht mehr ausreicht. Die Zeit des Durchschnitts ist vorbei. Eine Leistung muss exzellent und herausragend sein. Ansonsten ist der Kunde weg. Es geht darum, den Kunden zu beeindrucken, zu überraschen, ein Erlebnis zu schaffen, das nachhaltig im Kopf bleibt. Das ist es, was der Kunde will.

Oft stelle ich fest, dass Corporates gar nicht schlecht aufgestellt sind und ein gutes Geschäftsmodell haben. Ihr Problem ist vielmehr, dass sie aus Kundensicht nicht interessant genug sind – vielleicht sogar langweilig – und selten eine gute Experience schaffen.

Es gibt viele Unternehmen, die zwar viel darüber sprechen, wie kundenfokussiert sie agieren, es aber letztlich nicht tun. Fragt man sie nach den Touchpoints und Experiences entlang der Customer Journey, zeigt sich schnell, wie wenig sie doch wissen.

Um eine kundenzentrierte Organisation aufzubauen, müssen sich Unternehmen folgende Fragen stellen:

1) Habe ich alle relevanten Insights entlang der Customer Journey in Form von Fakten und Daten, die mir Auskunft darüber geben, wie es um die Experience steht?
2) Bin ich differenziert genug und erzeuge mit meinem Angebot eine „memorable" und nicht eine „agreeable" Experience?
3) Zeige ich meinen Kunden ein Problem, von dem sie bestenfalls noch gar nicht wussten, dass sie es haben?

Am Ende geht es darum, wirklich aus Sicht des Kunden auf das Angebot zu schauen. Der Perspektivwechsel vom „Blick auf den Kunden“ hin zu „aus Sicht des Kunden“ ist fundamental und wird durch das folgende Bild sehr gut verdeutlicht:

digitalsynopsis.com

Unternehmen sollten aufhören, darüber zu sprechen, wie kundenfokussiert sie sind, und endlich anfangen, eine kundenzentrierte Organisation auf- und auszubauen. Dabei kann es auch nicht mehr nur darum gehen, Umfragen und Fokusgruppen bei bestehenden Kundengruppen durchzuführen. Wer seine Bestandskunden befragt, fischt im Aquarium. Erschwerend kommt hinzu, dass Kunden immer seltener wissen, was sie eigentlich wollen.

REALITÄTS-CHECK

Grundsätzlich habe ich das Gefühl, dass viele Unternehmen die wichtigsten Probleme und Herausforderungen gerade in den letzten zwei, drei Jahren erkannt haben. Sie sehen immer mehr ein, dass sie handeln müssen, um der Gefahr des profitablen Sterbens zu entgehen. Allerdings entsteht aus der Problemerkenntnis bzw. Einsicht nicht immer der richtige Lösungsansatz. Gerade die Bandbreite der Aktivitäten rund um Innovation und Startups ist sehr groß, ebenso sind es die jeweiligen Ausgestaltungsoptionen. Auch das Verhältnis zwischen Corporates und Startups ist durch die unterschiedlichen Erlebnisse nicht immer förderlich weiterentwickelt worden. Es gibt nach wie vor viele Missverständnisse und falsche Denk- und Herangehensweisen. Um einen Eindruck zu geben und gleichzeitig weiter aufzuklären, möchte ich aus meinen Erfahrungen an der Schnittstelle zwischen diesen beiden Welten berichten. Zeit für einen Realitäts-Check.

#21

MANGELNDES WISSEN ÜBER DIE UNTERSCHIEDE

Ich möchte mit dem mangelnden Wissen über die Unterschiede zwischen einem Startup und einer Corporate beginnen. Ein initialer und recht offenkundiger Unterschied zwischen Corporates und Startups, der aus den bisherigen Erläuterungen schon deutlich wurde, ist der: Corporates „talk about things", aber Startups „do things". Ganz so einfach ist es dann aber doch nicht mit der Abhandlung der wesentlichen Unterschiede. Aus meiner Sicht sind es im groben die Folgenden:

Corporate	**Startup**
Marke / Brand	Innovationskraft und Mindset
Marktzugang, Vertrieb, bestehende Kundenbasis	Experimentierfreudigkeit und entsprechende Methodik
Ressourcen (Infrastruktur, Manpower, Kapital)	Risikoaffin bzw. risikobereit

Neben diesen eher offensichtlichen Unterschieden gibt es auch weniger offenkundige. Auf einige davon möchte ich näher eingehen, da sie aus meiner Sicht essenziell sind, wenn es um den Status quo und eine mögliche Zusammenarbeit geht.

Corporates funktionieren und basieren auf Prozessen. Ein Prozess beschreibt für mich alle Arten von Schritten und Tools, die es Unternehmen erlauben, ihre Execution zu skalieren. Prozesse sind immer großartig, wenn sowohl das Problem als auch die Lösung bekannt ist. Prozesse helfen sicherzustellen, dass ein Bereich skaliert werden kann, ohne andere Teile der Organisation zu stark zu beeinträchtigen. Damit werden die Risiken auf der Ebene der Gesamtorganisation reduziert. Doch dadurch reduziert sich die Fähigkeit, agil zu sein und schnell auf Opportunitäten oder Gefahren zu reagieren.

Hinzu kommt der zunehmende Konflikt zwischen Prozess und Produkt. Mit wachsender Größe einer Organisation steigt die Gewichtung von Prozess über Produkt bzw. Value. Mit Produkt verstehe ich hier vereinfacht die Schaffung neuer Hardware, Software, Services oder Tools. Produkte werden nicht von denselben Leuten gemacht, die die Prozesse managen. Weil Prozess-Menschen das Management dominieren, stehen sie in der Hierarchie über den Produkt-Menschen. Letztere werden in großen Organisationen risikoavers.

In Startups ist das komplett anders. Hier richtet sich alles zunächst am Produkt und dem entsprechenden Fit mit dem Markt aus. Bei der späteren Skalierung, also spätestens in der Phase Product-Scale-Fit, spielen dann auch Prozesse eine zunehmende Rolle. Allerdings sind diese sehr agil und bei digitalen Produkten meist komplett anders aufgesetzt.

Die Metriken in Corporates sind auf Prozess-Performance ausgelegt, nicht auf den Aufbau von neuen Kompetenzen. Natürlich war jedes Unternehmen irgendwann mal klein und in irgendeiner Form ein Startup. Aber mit der Zeit richtet sich die DNA des Unternehmens auf Prozesse aus.

Wenn es zu Veränderungen am Markt kommt, etwa durch den Eintritt eines neuen Wettbewerbers, der das Marktgefüge erschüttert, rufen die prozessorientiert denkenden Unternehmen meist nach Regulatorik. Sie überlegen nicht, wie sie die eigenen Abläufe so ändern können, dass sie profitieren. Ihre Denkweise verleitet sie dazu, Mauern zu bauen anstatt Windmühlen, mit denen sie den frischen Wind nutzen könnten.

Ein weiterer, weniger offensichtlicher Unterschied liegt in der Authentizität. Die Glaubwürdigkeit ist eines der wichtigsten Argumente, die ein Entrepreneur oder Startup gegenüber einer Corporate ins Rennen führen kann. Sie entsteht durch Nähe und Transparenz, aber auch durch die Person des Gründers und woran dieser glaubt. Dem Vorhaben nah zu sein und persönliches Engagement quasi hautnah zu erleben, wird immer wichtiger für Verbraucher, die sich von etablierten Marken und bestehenden Produkten desinteressiert abwenden.

Das zunehmende Denken und Handeln in Verticals ist ein weiterer Unterschied. Startups kümmern sich nicht um Industriegrenzen, Definitionen und ähnliche Vorgaben von Industrieverbänden. Oft kann man ein neues Unternehmen nicht einmal mehr eindeutig einer bestimmten Branche zuordnen. Hier muss die Corporate-Welt lernen, ihre Aktivitäten und das Denken in Verticals auszurichten. Einige Verticals sind an alten Industrielogiken angelehnt. Durch Technologien sind aber auch komplett neue (Industrie-)Verticals entstanden.

Beispielhafte Übersicht Verticals:

Adtech
Advanced manufacturing
Agtech
Artificial intelligence
and machine learning
Autonomous cars
B2B payments
Beauty
Big data
Cannabis
Carsharing
Cleantech
Construction tech
Cryotocurrency/Blockchain
Cybersecurity
Digital health
Ecommerce
Edtech
eSports
Fintech
Femtech

Foodtech
Gaming
HRtech
Impact investing
Infrastructure
Insurtech
Internet of Things (IoT)
Marketing tech
Micro-mobility
Mobile
Mobile commerce
Nanotechnology
Property tech
Restaurant tech
Ridesharing
Robotics and drones
SaaS (Software as a service)
Space
Virtual reality and
augmented reality
Wearables and quantified self

Siehe auch pitchbook.com

Für mich ist der bedeutendste und damit wichtigste Unterschied das Thema Vorgehen und Mindset. Ich erlebe immer wieder, dass Unternehmen sagen: Startups haben einen Freibrief oder sind narrenfrei. Damit meinen sie, dass Startups ihrer Ansicht nach einfach Dinge tun, von denen sie wenig Ahnung haben, ohne dabei auf Details zu achten.

Ein Beispiel, das ich mal selbst im Food-Bereich erlebt habe, verdeutlicht diese Aussage: Ein junges Startup war sehr schnell mit einem neuen Food-Produkt, das einen geringen Neuigkeitsgrad besaß, an den Markt gegangen. Es hatte erste Platzierungen im Lebensmitteleinzelhandel bekommen und es standen sogar erste Listungen bei den großen Ketten an. In dieser Phase gab es ein Treffen mit einer großen Corporate, die das Produkt zwar interessant fand, es aber eher belächelte. Bei der Betrachtung des Produkts fragte ein Produktmanager: „Wo ist eigentlich die Chargennummer?" Die Antwort der Startups war: „Was ist eine Chargennummer?" Ein großes Unternehmen weiß natürlich, dass es bei einem Problem mit dem Produkt dessen Rückverfolgbarkeit gewährleisten muss. Das geht nur über die Chargennummer. Das Startup hatte das schlichtweg nicht gewusst.

Man kann es mit der Blauäugigkeit sicher übertreiben. Aber letztlich geht es um schnelles Vorankommen. Ein Startup hat wenig zu verlieren. Corporates sind oft zu sehr an den Prozessen orientiert und haben dadurch unglaublich viel Angst. Sie gehen immer vom Worst Case Scenario aus.

An dieser Stelle sei noch einmal betont: Startups sind nicht „schlauer" als Corporates. Sie machen auch nicht weniger Fehler. Sie machen diese nur viel früher, gerade dann, wenn man noch die Möglichkeit hat, schnell Anpassungen vorzunehmen. Folgendes Zitat von Peter Diamandis passt dazu: „It isn't that entrepreneurs are smarter than companies, it's that they are trying more crazy ideas, taking more shots on goal."

#22

FALSCHES VORGEHEN „NOT LIKE THIS ...“

Einer der wesentlichen Unterschiede zwischen Startups und Corporates liegt im Vorgehen bei der Entwicklung von neuen Produkten. Hierzu nutze ich in meinen Präsentationen immer das Bild von Henrik Kniberg (siehe Abbildung).

Das Grundprinzip liegt darin, erst einmal zu verstehen, was das Kundenproblem ist. In dem Fall ist es Mobilität: der Endnutzer will von A nach B kommen. Der obere Ansatz entspricht dem Vorgehen einer Corporate. Es werden verschiedene Einzelteile zusammengebaut, mit denen der Kunde gar nichts anfangen kann. Die Einzelteile werden erst am Ende zu einem fertigen Produkt zusammengesetzt, das dann das Problem des Kunden löst. Allerdings gab es während der Entwicklung keine Rückkopplung mit dem Kunden. Mögliche Veränderungen im Verhalten oder neue Bedürfnisse wurden nicht ermittelt.

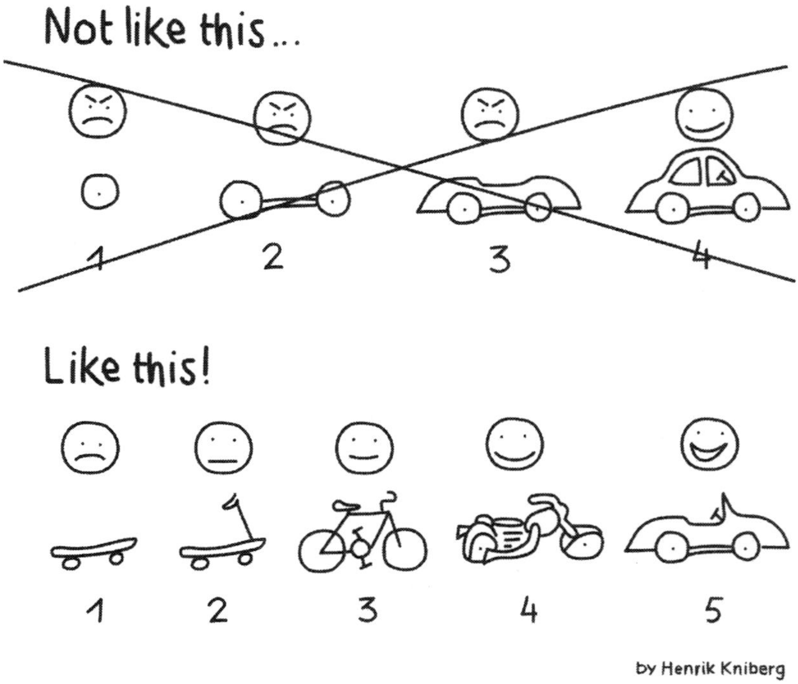

Der Startup-Ansatz ist der untere und der funktioniert ganz anders. Auch hier geht es darum, das Mobilitätsproblem des Kunden zu lösen. Ein Startup wählt initial die einfachste Variante und baut im ersten Schritt ein Skateboard als MVP. Dieses ist für den Kunden längst nicht zufriedenstellend, aber das Startup bekommt ein direktes Kundenfeedback und kann innerhalb kürzester Zeit iterativ am nächsten Schritt arbeiten. Der Roller adressiert die Kundenbedürfnisse schon etwas besser und beim Moped wurde schon der gleiche Grad der Kundenzufriedenheit erreicht, wie beim oberen Beispiel in der Phases des fertigen Produkts. Durch den engen Draht zum Kunden hat das Startup auch gelernt, was den Kunden richtig glücklich machen würde, und kann die Kundenerwartungen übererfüllen. Und das in vielen Fällen mit deutlich weniger Zeit, Aufwand und Risiko.

Das kann man am Beispiel des Autos zeigen. Tesla hat mit seinem ersten Auto ein schallendes Gelächter bei den etablierten Autokonzernen ausgelöst. Die Plastikverarbeitung, ein schlechtes Spaltmaß und die geringe Reichweite schienen zu zeigen, dass hier absolute Dilettanten am Werk waren. Aber Tesla arbeitete iterativ und eng am Kunden. So konnte Tesla innerhalb weniger Jahre ein absolut wettbewerbsfähiges Auto produzieren und damit zum Schreck der deutschen Automobilbauer werden.

Im Startup-Umfeld wird hier oft auch der Ausdruck „Fake it till you make it" verwendet. Dieser beschreibt, dass es wichtig ist, möglichst früh und egal wie mit den Kunden und potenziellen Endnutzern sein Produkt zu testen und zu validieren (siehe #4 zur Donut-Analogie).

Besonders bei digitalen Lösungen, die meist von Startups entwickelt werden, können viele Produkte schnell entwickelt und ebenso schnell auf Basis von Feedback wieder angepasst werden. Hinzu kommt, dass hinter neuen digitalen Produktfeatures erstmal Menschen sitzen, die die Funktion übernehmen. Eric Ries nennt diesen Ansatz „Wizard-of-Oz-Test" und beschreibt damit die relativ risikofreie Weise herauszufinden, ob der Kunde die Lösung überhaupt nutzt und wertschätzt. Fake it till you make it.

Ich habe noch kein Corporate erlebt, welches diesen Ansatz für sich entdeckt und gleichzeitig nutzbar gemacht hat. Es passt einfach nicht zur DNA und zum Anspruch ein nicht 100 Prozent fertiges Produkt auf den Markt zu bringen. Dabei kommt mir immer der Slogan in den Sinn, den Daimler eine Weile lang benutzt hat: „Das Beste oder nichts". Somit ist es gerade für deutsche Ingenieurs-getriebene Unternehmen undenkbar, nach dem Startup-Motto zu leben und zu arbeiten, welches durch ein Zitat von Reid Hoffman, dem Gründer von LinkedIn, am besten zusammengefasst wird:

Genau dieses Denken macht nach wie vor den größten Unterschied zwischen Corporates und Startups aus und ist gleichzeitig auch eine der größten Hürden bei der Zusammenarbeit. Dabei müssen Unternehmen sich genau mit diesem Denken und Handeln intensiv befassen bzw. lernen es anzunehmen. Es gilt: „Think big, start small, fail fast, learn faster!"

#23

GESCHWINDIGKEITSUNTERSCHIED

Corporates haben ein Geschwindigkeitsproblem. Dies betrifft nahezu alle Ebenen, von der Entscheidungsgeschwindigkeit über die Reaktionsgeschwindigkeit bei Marktveränderungen bis zur Innovationsgeschwindigkeit. Aber warum ist das eigentlich ein Problem? Und warum überhaupt dieser ganze Stress rund um die hohe Geschwindigkeit?

Der Hauptgrund liegt darin, dass Zeit das wertvollste Asset ist! Es gilt „time over money". Corporates weisen hier eklatante Probleme auf, da ihre gesamte Struktur und DNA einfach nicht für solchen Hochgeschwindigkeitssport ausgelegt ist. Gute Startups und Entrepreneure dagegen haben die richtige Einstellung und vor allem die Strukturen für Geschwindigkeit. Sie leben diesen Arbeitsmodus voll aus.

Für Startups gilt: Dinge am Anfang selber zu machen, ist okay, aber das muss wenn möglich abgelegt werden, sobald der Product-Market-Fit erreicht ist. Das heißt, man kauft sich notfalls Geschwindigkeit ein, etwa durch talentierte externe Leute oder zusätzliche Ressourcen. Spryker-Gründer Alexander Graf hat das mal in einem Gespräch gut auf den Punkt gebracht: „Money can be made. Speed is king."

Was ist eigentlich in den letzten Jahren passiert, als schon lange klar war, dass die digitale Transformation mit hoher Dynamik und Geschwindigkeit eine Industrie nach der anderen in ihren

Grundzügen verändern wird? Die Unternehmen haben sich nach einer teilweise jahrelangen Sensibilisierungsphase mit strategischen Überlegungen und Planungen auseinandergesetzt. Meist mit externer Beratung wurden digitale Strategien und Roadmaps entwickelt. Im nächsten Schritt wurde eine Vielzahl von Innovationsinitiativen gestartet, die mitunter ein Jahr und mehr brauchten, um nach der Entscheidung überhaupt aktiviert zu werden. Letztlich dauert es noch immer an, dass die Initiativen über kleine Schritte versuchen, Innovationen oder überhaupt ein vorzeigbares Ergebnis zu produzieren.

Spätestens seit Beginn der Corona-Pandemie befinden sich viele dieser Initiativen und eingeschlagenen Strategien wieder auf dem Prüfstand. Das Ende ist offen. Klar ist nur, dass es wieder Monate dauern wird, wenn nicht Jahre, bis Anpassungen oder notwendige Neuaufstellungen umgesetzt werden.

Dass Corporates ein Problem mit dem Thema Zeit und Geschwindigkeit haben, wird mir häufig auch von den Unternehmen selbst berichtet. Hier passt eine Aussage, die ich kürzlich von einem Manager gehört habe: „Die (Startups) bringen ein Produkt auf den Markt, in der Zeit haben wir (Corporates) einen Urlaubsantrag bearbeitet.“

Während Startups den Blick auf die Zukunft richten und die hohe Dynamik nutzen, kommen die Corporates ins Straucheln. Sie unterschätzen, mit welcher Geschwindigkeit die Zukunft heranrast.

Beim Austausch oder mit Blick auf eine mögliche Zusammenarbeit zwischen Startups und Corporates wird der Unterschied der verschiedenen Zeithorizonte besonders deutlich. Kommt es zu einer Konkretisierung der Zusammenarbeit zwischen Corporate und Startup, passiert am Ende eines Gesprächs folgendes: Der Corporate-Vertreter schaut in den Kalender, um herauszufinden, welches Quartal für den Start infrage kommen könnte. Der Gründer hat auf seine Uhr geschaut, denn er dachte eigentlich, es ginge noch diese Woche los.

Unternehmen lassen sich zu viel Zeit, wenn es um eine Partnerschaft mit Startups geht. Studien (unter anderem von KPMG) zeigen, dass es im Schnitt bis zu zehn Monate dauern kann, bis es formal zu einer Zusammenarbeit kommt. Ich habe selten erlebt, dass es von der Kontaktaufnahme bis zum ersten Prototyp (Touchpoint-to-Pilot) weniger Zeit braucht. Meist ist allein die Kontaktaufnahme und Anbahnung kompliziert und dauert lange.

Ich habe gerade erst wieder ein Startup aus dem Bereich BioTech erlebt, das eine wirklich gute technische Entwicklung zur Sicherheit von Industrieprozessen entwickelt hat. Dieses Startup ist seit acht Monaten unterwegs, um die richtigen Ansprechpartner in Industrieunternehmen zu finden. Die Gründer sprechen zwar mit vielen, aber meist wird dann ein neuer Termin angesetzt mit weiteren Kollegen oder das Pitchdeck wird so lange intern weitergereicht, bis es letztlich versandet.

Damit wird wieder deutlich, dass Unternehmen durch ihre Organisationsgröße oft komplizierte Entscheidungs- und Formalprozesse haben. Das ist einer der wesentlichen Bremsklötze, wenn es um Partnerschaften geht. In Unternehmen verfügen meist viele Personen über die Möglichkeit, eine Idee zu stoppen, aber nur wenige über die Autorität, eine Idee durchzuwinken. So entsteht ein

„Nein-Umfeld", welches nicht nur Ideen hemmt, sondern auch Verzögerungen in Partnerschaften und Kollaborationen verursacht.

#24

DIE WARUM-FRAGE

Dass Corporates die aktuellen Herausforderungen nur noch schwerlich allein lösen können, ist inzwischen in nahezu allen Chefetagen angekommen. Viele Unternehmen suchen die Antwort in verschiedenen Innovationsinitiativen wie Inkubatoren und Accelerator-Programmen. Meist wird dabei in irgendeiner Weise die Zusammenarbeit mit Startups angestrebt.

Allerdings gibt es ein Problem dabei, das grundsätzlicher Natur ist und diese Initiativen immer wieder ins Straucheln bringt: Die Frage nach dem „Warum". Diese Frage ist meist nervig und ich habe das Gefühl, dass viele Unternehmensvertreter am liebsten darüber hinweggehen würden. Für mich ist die Frage aber fundamental wichtig, da dahinter die eigentliche Absicht des gesamten Vorhabens und der Kernglaube liegen.

Folgende Fragen sollten sich die Corporates stellen: Was ist die Motivation für die Zusammenarbeit mit Startups? Warum sind Startups für sie so interessant? Warum soll gerade jetzt eine Zusammenarbeit mit Startups stattfinden?

Die Erfahrung hat gezeigt, dass die Beteiligten diese Warum-Fragen im seltensten Fall klar beantworten können. Meist führt das in einer Runde mit verschiedenen Beteiligten zu einer kontroversen Diskussion. Es kommt auch vor, dass zwar der Leiter der Initiative die Fragen gut beantworten kann, aber sein Team bereits Schwierigkeiten damit hat. Und der Rest der Organisation erst recht.

Ich möchte einige mögliche Beweggründe für eine Zusammenarbeit mit Startups auflisten:

1) Beschleunigung des Innovationsvorgehens
2) Zugang zu neuem digitalem Know-how
3) Exploration neuer Trends und Entwicklungen
4) Positive Wahrnehmung innerhalb des Netzwerks oder der Branche
5) Senken der Kosten für eigene Innovations-entwicklungen
6) Transformationswandel bzw. Kulturwandel einleiten oder unterstützen

Diese Gründe sind eher generisch, aber anhand der Beispiele können sich Unternehmen darüber klar werden, worum es ihnen vorrangig geht. Denn es sollte eindeutig zu bestimmen sein, welchen Nutzen das Unternehmen, die Mitarbeiter, die Kunden und vielleicht sogar die Gesellschaft von Innovationsinitiativen mit Startups erwarten können. Besonders hilfreich ist ein klares Visions-Statement, idealerweise in Form eines konkreten, aber einfach und verständlich formulierten Satzes.

Hier fand ich die Aussage eines Vorstands aus der Automobilindustrie gut, der sich auch als Startup-Fan outete. Er sagte, dass Startups ihnen zeigen sollen, dass man sich einfach mal was trauen muss, wenn nicht ganz klar ist, wo die Reise hingeht. Genau hier sieht er den Bedarf in den großen Unternehmen und Konzernen.

Es gibt aber auch weniger gute Beweggründe. Aus den folgenden Gründen sollte eher keine Innovationsinitiative oder eine Zusammenarbeit mit Startups begonnen werden:

1) Rendite oder andere kurzfristige ROI-geprägte Ziele
2) Schneller Aufbau von signifikantem Neugeschäft
3) Branchendruck: Die Wettbewerber machen es, also müssen wir auch

Die Frage nach dem Warum muss nicht in einem basisdemokratischen Prozess mit allen Beteiligten aufwendig durchgearbeitet werden. Das Warum sollte vom Initiator vorgegeben werden. Weil es um echte Überzeugungen geht, muss die Geschäftsleitung die Verantwortung übernehmen. Eine Auslagerung nach außen, etwa an eine Agentur, verbietet sich.

Ein Beispiel, bei dem nach meiner Einschätzung ein sauberes Ableiten der Warum-Fragestellung hilfreich hätte sein können, ist die Zukunftseinheit Next47 von Siemens. Hier hat das Handelsblatt auch schon vor Corona angemerkt, dass Siemens mit den Startups irgendwie nicht warm wird. Statt der erhofften Impulse für den Gesamtkonzern entwickelte sich die 2016 gegründete Einheit letztlich zu einem klassischen Wagniskapitalgeber.

Entweder bin ich als Finanzinvestor unterwegs und löse ROI- oder Kapitaleffizienz-Fragen oder ich versuche, das eigene Unternehmen durch Mikro- und Makro-Impulse als Enabler zu transformieren. Beides zu verfolgen, kann und wird nicht funktionieren.

Auch Startups müssen sich die Frage nach dem Warum stellen. Folgende Beweggründe könnten relevant sein:

1) Marktzugang bzw. Zugang zu Vertriebskanälen
2) Zugang zu Ressourcen (Einkaufsmacht, Produktionskapazitäten)
3) Reputation und Marketing
4) Branchen-Know-how und Fachexpertise

Folgende Gründe sollten es eher nicht sein:

1) Ein „sicherer Hafen" im Corporate-Umfeld
2) Produktentwicklungskompetenz
3) Kapital

Allerdings muss immer im Einzelfall entschieden werden, was die Hauptmotivation ist. Natürlich kann es Fälle geben, in denen die Suche nach Kapital oder Produktentwicklungskompetenz für ein Startup hilfreich sein kann. Es sollte sich dann aber die Frage stellen, ob es den Aufwand und die Ressourcen wert ist, den langwierigen Prozess mit dem Corporate zu durchlaufen.

#25

ZU VIEL INNOVATIONSTHEATER

Corporates betreiben eine Vielzahl an Innovationsaktivitäten. Die Bemühungen drehen sich im Kern um neue Geschäftsmodelle und Wege, wie das Kerngeschäft der Organisation sinnvoll ergänzt oder erweitert werden kann. Es geht also seltener um neue Produkte, sondern eher darum, einen neuen Nutzen oder Mehrwert für bestehende oder neue Kundengruppen zu schaffen. Das Prinzip lautet: „New value not new things." Dafür müssen neue Wege und Möglichkeiten beschritten und genutzt werden.

Fest steht, dass es den Corporates unglaublich schwerfällt, sich in diesem noch relativ neuen Umfeld mit seinen diversen Unsicherheiten zu bewegen. Viele Corporates haben sich in den letzten Jahren auf die Reise gemacht und neue Initiativen in Gang gesetzt. Nicht selten haben sie dabei festgestellt, dass das unglaublich aufwendig ist und die Kosten für das Finden des richtigen Weges beziehungsweise der richtigen Wege am Ende sehr hoch sein können.

Auf der anderen Seite muss sich das Unternehmen aber auch immer vor Augen halten, dass auch das Nichtstun Kosten verursacht – und am Ende den sicheren Exitus bedeuten kann.

Corporates neigen dazu, viele Aktivitäten gleichzeitig zu starten. Leider sind diese nicht ausreichend reflektiert und es fehlt an grundsätzlichen Zusammenhängen. Schnell findet man sich in einem prozessbasierten Aktivitäten-Wirrwarr wieder, das nicht einmal die Beteiligten selbst durchblicken. Wie soll da jemand von außen verstehen, was vor sich geht?

Steve Blank hat dieses Aktivitäten-Feuerwerk im Umfeld der Corporate Innovation mal als Innovationstheater beschrieben. CB Insights hat darauf aufbauend eine etwas provokative Auflistung an Innovations-Aktivitäten erarbeitet (Auszug siehe Abbildung):

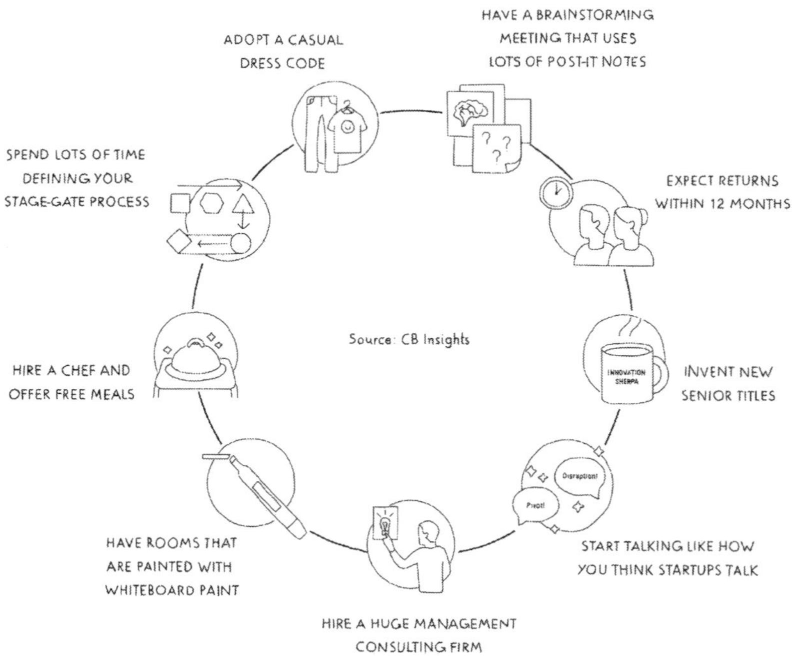

Aus meiner Erfahrung ist der Ablauf hin zu einem Innovationstheater immer sehr ähnlich und kann wie folgt zusammengefasst werden:

1) Das Top-Management beauftragt eine externe Beratung damit, ein Innovation Playbook oder Ähnliches zu erstellen. Anschließend werden organisatorische Maßnahmen und teils Restrukturierungen vorgenommen, die die Organisation erstmal ein Jahr und mehr in Anspruch nimmt, ohne irgendeinen Innovation Outcome zu generieren

2) Parallel dazu unternimmt die Corporate verschiedene Innovationsaktivitäten mit der Startup-Szene (zum Beispiel Innovations-Workshops, Hackathons oder Design Thinking Sprints). Diese Aktivitäten haben zwar positiven Einfluss auf die Kultur und die Denkweisen, doch nur in den seltensten Fällen fallen dabei echte innovative Produkte ab.

3) Schlussendlich stellt das Unternehmen fest, dass es keine oder falsche Metriken hat, um die neuen Initiativen zu steuern oder deren Erfolg zu bewerten. Nun wird nachgesteuert und ein Reverse Engineering der Innovationsstrategie vorgenommen – was wieder Jahre in Anspruch nimmt.

Ich will nicht sagen, dass alle Aktivitäten im Innovationstheater falsch sein müssen. Leider hat sich nur immer wieder gezeigt, dass ein solches Feuerwerk von Aktivitäten zwar auf den ersten Blick nach viel Aktion aussieht, aber am Ende fehlt es dann an der Konsequenz für wirkliche Veränderung. Laut einer McKinsey-Studie scheitern rund 70 Prozent aller Change-Management-Programme (und dazu gehören viele dieser Innovationsinitiativen) in Unternehmen, von denen die meisten in den letzten fünf bis zehn Jahren im Kontext der digitalen Transformation aufgesetzt wurden.

Doch nicht nur fehlende Konsequenz ist ein Problem. Meist fehlt es an einer gewissen Grundordnung der Aktivitäten. Meiner Ansicht nach sollten Unternehmen eine Klaviatur an verschiedenen Aktivitäten spielen, mit klarer Fokussierung auf das Ergebnis und mit der Bereitschaft, Risiken einzugehen und Ressourcen zu investieren. Ziel ist der Aufbau eines sinnvollen Aktivitäten-Portfolios mit einem übergeordneten Plan.

Leider gibt es nicht das eine richtige Portfolio. Deshalb muss ein Unternehmen bereit sein, verschiedene Dinge zu probieren, auch wenn das Geld kostet, Bedenkenträger dagegen sind oder letztlich offen ist, was dabei rauskommt.

Hinter fehlender Konsequenz und chaotischem Aktionismus steht oft ein grundsätzliches Problem: fehlende Fokussierung und Priorisierung. Oft ist ganz einfach nicht klar, worum es eigentlich geht. Soll die Zusammenarbeit mit Startups dem Kerngeschäft helfen, ein Neugeschäft aufbauen oder gänzlich neue Bereiche erschließen (siehe Abbildung)?

Damit kommen wir wieder auf die Warum-Frage aus dem vorherigen Abschnitt zurück. Wenn nicht klar ist, warum ich als Corporate einzelne Innovationsaktivitäten angehe, kann ich es auch keinem potenziellen Startup-Partner erklären. Außerdem wird es schwer, unternehmensintern dafür zu argumentieren.

Es hat keinen Sinn, auf große Disruptionen zu hoffen, wenn man keine hinreichenden Ziele setzt und entsprechend ausreichende Ressourcen allokiert.

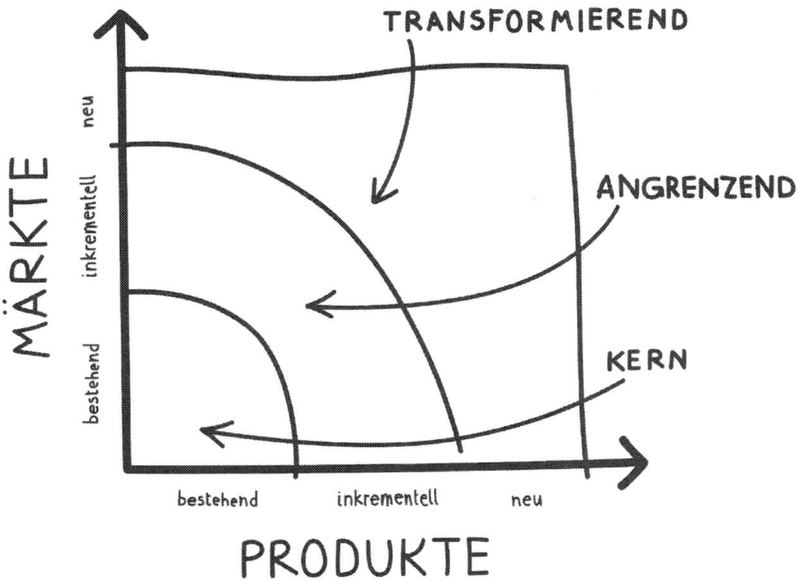

Aussagen wie „Wir haben keine Zeit“ oder „Wir haben im Tagesgeschäft gerade andere Dinge zu tun“ sind Hinweise darauf, dass hinsichtlich der gesamten Priorisierung ein existenzielles Problem vorliegt. Dazu passt der Spruch: „Wir haben keine Zeit, einen Zaun zu bauen, weil wir die Hühner fangen müssen.“

Mit der Corona-Krise wird das Innovationstheater stärker hinterfragt. Erfolgreiche Projekte sind wichtiger als ein imageträchtiger Kulturwandel. An einigen Stellen wird sogar eine gewisse Desillusionierung in den Unternehmen erkennbar. Unternehmen schauen nun auf die harten Zahlen: Was ist tatsächlich aus den ganzen Initiativen der letzten Jahre Messbares herausgekommen? Ich finde es grundsätzlich gut, wenn jetzt nach den Ergebnissen und dem Mehrwert gefragt wird. Allerdings müssen Unternehmen aufpassen, dass krisenbedingten Liquididitäts- und Kostensparprogrammen nicht wertvolle und für die Zukunft überlebensnotwendige Aktivitäten zum Opfer fallen.

#26

INNOVATION ≠ PROZESS

Innovation ist per Definition weder eins zu eins wiederholbar noch vorhersagbar. Genau das Gegenteil ist der Fall. Innovation ist „non-routine“ und unsicher.

Das beschriebene Innovationstheater, das viele Corporates betreiben, ist stark prozessorientiert und damit gegenläufig zu dem, was Innovation auszeichnet: durch Zufall getriebene, spontane Entwicklung. Es vergeht kein Tag, an dem ich nicht Bilder, Grafiken und Slides sehe, auf denen irgendwelche Ideation-, Scouting- oder Umsetzungsprozesse abgebildet sind, die systematisch Innovation generieren sollen. Generalstabsmäßig werden Initiativen und Programme als Aufeinanderfolge verschiedener Phasen, Streams und Prozesse geplant. Das Problem ist nur, dass Innovation eben kaum in Prozessen und Abfolgen verläuft.

Ein extremes Beispiel für diesen Innovationsprozesswahn habe ich mit einem Pharmaunternehmen erlebt. Dieses Unternehmen hat eine komplette „Hub-Initiative“ und damit ein übergeordnetes Innovationsprogramm mit insgesamt fünf Subinitiativen und jeweils noch weiteren Sub-Subinitiativen über mehr als zwei Jahre entwickelt und aufgesetzt (siehe Abbildung).

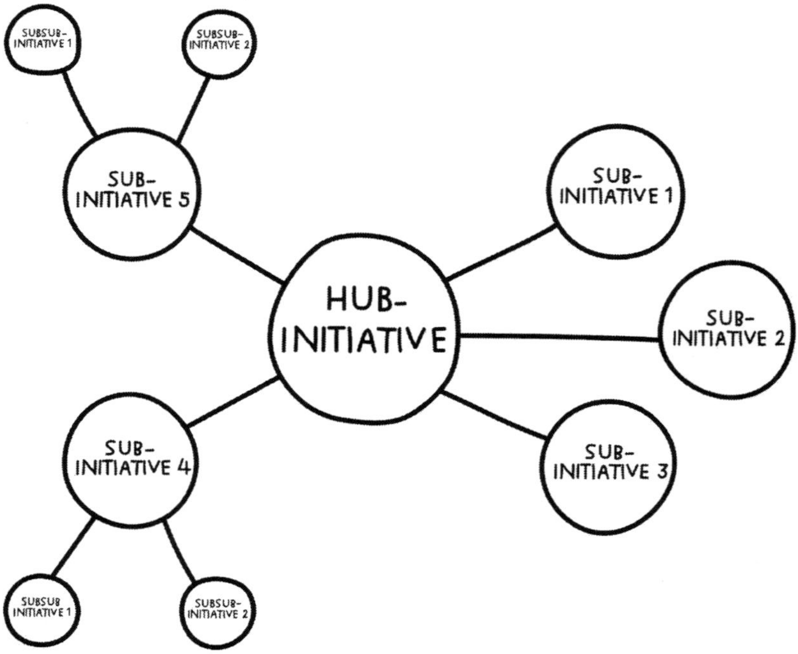

Auf Nachfrage war vielen Beteiligten allerdings nicht klar, was alles im Detail bedeutet und insgesamt damit verfolgt wird. Stattdessen wurde, wie in großen Organisationen üblich, von einer Abteilung auf die andere verwiesen. Sicherlich ist keine der Initiativen bzw. Aktivitäten schlecht oder falsch. Allerdings darf befürchtet werden, dass bei dieser Vorgehensweise viel mehr Aufwand für die Erstellung und den Betrieb notwendig ist, als die Ergebnisse des Gesamtprogramms am Ende rechtfertigen würden.

Bei dem Pharmaunternehmen gab es zum Beispiel einen Prozess (eine Sub-Subinitiative), bei dem sich Mitarbeiter für eine Art internes Inkubationsprogramm bewerben konnten. Dafür würden sie dann für drei Monate von der täglichen Arbeit freigestellt. Es lässt sich schon erahnen, dass es mindestens ein

Dutzend Prozessschritte und notwendige Tools gab, die der Mitarbeiter durchlaufen und nutzen musste, um eine Aussicht auf die Freistellung zu bekommen.

Auf Nachfrage sagte man mir, es habe noch kein erfolgreiches Verfahren gegeben, da sich bislang nur sehr wenige Mitarbeiter dafür interessiert hätten und diese dann nach etwa zwei Monaten Durchlaufphase letztlich doch nicht freigestellt werden konnten.

Hier werden weitere Probleme sichtbar wie Verständnis, Transparenz, Entscheidungszyklen oder Vereinbarkeit mit dem Tagesgeschäft.

Viele Mitarbeiter wurden in den vergangenen Jahren mit Ideation-Sessions, Kampagnen und ähnlichen Formaten regelrecht gequält. Verständlicherweise spüren sie dann nur noch wenig Drang, sich an einem Innovationsgeschehen aktiv zu beteiligen, das so stark formalisiert aufgesetzt ist.

Immer noch weit verbreitet ist die Möglichkeit der Abgabe von Ideen (teilweise sogar noch über Briefkästen). Dabei wird meist über einen langwierigen und höchst intransparenten Prozess darüber entschieden, welche Idee in die Umsetzung geht. Dieser Prozess ist nicht nur ineffizient und alles andere als innovationsfördernd, sondern für alle Beteiligten höchst demotivierend.

Dabei gibt es zahlreiche gut dokumentierte Methoden, mit denen man Innovationen aus dem Mitarbeiterpool heraus fördern kann. Eine der wohl bekanntesten ist die 80/20-Methode, bei der die Mitarbeiter 20 Prozent ihrer Arbeitszeit für frei gewählte Projekte verbringen dürfen. Hier steht noch im Raum ob 20 Prozent der Arbeitszeit on top auf die 100 Prozent gemeint sind.

Doch die Umsetzung in einer großen Organisation ist schwierig. Der Ansatz, den Mitarbeiter innovieren zu lassen, widerspricht dem Denken in Performance-Kennzahlen: Wie passt das in die Jahresziele des Mitarbeiters? Außerdem ist der Ansatz mit den Organisationsstrukturen schwer vereinbar: Wer ist dafür verantwortlich, wem berichtet man? Nicht zuletzt fehlen die Mittel dafür, denn jede Investition muss beantragt werden, und die Zeit, denn das Tagesgeschäft macht keine Pause.

Bei Startups hingegen gehört Innovation zu den Kernaktivitäten, die mehr oder weniger über Leben und Tod des Unternehmens entscheidet. Nur selten folgt sie einem definierten Prozess. Außerdem gehört es zum täglichen Geschäft, die bestehenden Logiken der Industrie, des Marktes und des eigenen Ansatzes zu hinterfragen.

Als gängige Formate haben sich verschiedene Sprintlogiken etabliert, bei denen zum Beispiel für einen Zeitraum von einer Woche konkrete Ziele gesteckt und Ergebnisformate definiert werden. Diese werden dann fokussiert abgearbeitet.

Erst kürzlich war ich bei einem Startup, das bereits über etwa 60 Mitarbeiter verfügt und sich dem Thema Wachstum verschrieben hat. Hier arbeiten interdisziplinäre Teams in permanenten Sprints an verschiedenen Themen, zum Beispiel Kundenakquisition, Engagement oder Bewertung.

Entscheidende Faktoren dabei sind:

1) Das Tagesgeschäft wird auf ein Minimum zurückgefahren.

2) Die Ideen werden vertestet und teilweise noch in derselben Woche umgesetzt.
3) Hoher Einsatz von Daten zur besseren und schnelleren Entscheidungsfindung.

Im Corporate-Umfeld wären dafür eine oder sogar mehrere Abteilungen verantwortlich, die dann neben dem Tagesgeschäft am Freitagnachmittag versuchen würden, irgendwie Zeit zu finden. Zudem spielen Daten im Corporate-Umfeld für die Entscheidungsfindung nach wie vor kaum eine Rolle. Hier wird eher auf Erfahrung und Bauchgefühl vertraut. Dabei gilt: „Expertise is powerful – until it gets in the way of innovation" (William C. Taylor).

Letztlich passt in diese Problematik auch folgendes Sprichwort: „Corporate (innovation) strategists talk the talk but don't walk the walk."

#27

ZU VIELE PROGRAMME – ZU WENIG OUTPUT

Über Innovationsprogramme bzw. Initiativen wie Inkubation und Acceleration wurden schon mehr Bücher und Texte geschrieben, als ein Manager in seinem Leben jemals lesen könnte. Deshalb möchte ich hier nur ein paar Aspekte nennen, die nicht so häufig betrachtet werden.

Fakt ist: Inkubation und Acceleration gehören zu einem gewissen Teil zum Innovationstheater dazu und wurden in den vergangenen Jahren breit diskutiert, vielfach angewendet und selten verstanden. Insbesondere, wenn es um die Unterschiede und Abgrenzungen geht, gibt es viele Unklarheiten und divergierende Meinungen.

Ich nutze hier mal den Vergleich mit der Entwicklung eines Kindes:

1) Ein Inkubator ist die Krippe oder der Kindergarten: Nachdem das Kind „geboren“ ist, entwickelt es hier alle notwendigen Fähigkeiten, die es braucht, um in der Welt klarzukommen.

2) Ein Accelerator ist die Schule: Hier werden mit etwas Druck und Stringenz nach einem festen Stundenplan

Inhalte vermittelt, die die Entwicklung des Kindes voranbringen und beschleunigen.

3) Ein Venture Capitalist ist die weiterführende Schule: Hier geht es um einen größeren, letzten Schritt hin zum Erwachsensein.

Ein Inkubator ist im Grunde ein gutes Instrument, um wirklich ernsthaftes Neugeschäft aufzubauen. Dazu kommt, dass der Inkubator, wenn er gut funktioniert, die besten Renditen bringt. Das verwundert nicht, weil ein großer Teil des Anteile beim initiierten Unternehmen liegt und nicht später teuer eingekauft werden muss. Dafür ist das Risiko in der Frühphase höher als in einer späteren Phase.

In den vergangenen Jahren wurden Inkubatoren viel genutzt, um Dinge nachzubauen, die es am Markt schon gab. Das bringt letztlich keinen Durchbruch und damit auch keine vorzeigbaren Ergebnisse. Viele der Inkubatoren von Corporates, zumindest in Deutschland, wurden von einem der großen Beratungsunternehmen gebaut. Die meisten funktionierten nicht und haben kaum vorzeigbare Ergebnisse erzeugt. Interessanterweise hat genau dasselbe Beratungsunternehmen neuerdings ein Restrukturierungsangebot im Portfolio, um solche Programme wieder umzubauen.

Es gibt aber auch einige Erfolgsbeispiele. Ein gelungenes Inkubationsprojekt ist About You, welches von der Otto-Gruppe inkubiert und entwickelt wurde. Hier wurde auf der grünen Wiese – allerdings mit sehr viel Geld – ein absolut relevantes und überaus erfolgreiches Unternehmen aufgebaut. Dieser Erfolg und auch die damit aufgebaute Kompetenz strahlen in den Otto-Konzern ab und lassen hoffen, dass damit die

Transformation des Bestandsgeschäftes weiter vorangetrieben wird.

Ein weiteres Beispiel für einen guten Ansatz liefert der Automobilzulieferer Hella, der einen Inkubator in Berlin betreibt. Hier ist auffällig, dass ein relativ kleines Team am Werk ist, das sich Gründer von außen holt und denen dann viel Freiraum zum Agieren lässt. Für alle besteht dabei ein direkter Draht zum CEO.

Als Unterform des Inkubators gibt es noch den Company Builder. Der wird jedoch in der Regel nicht von Corporates aufgesetzt und betrieben. Stattdessen sind Seriengründer und Talente am Werk, die in einer Art Serienproduktion Unternehmen aufbauen wollen. Rocket Internet etwa war initial als Company Builder gestartet.

Gute Company Builder, manchmal auch Venture Studios genannt, zeichnen sich durch eine Fokussierung auf ein oder wenige Verticals aus, haben ein vorzeigbares Portfolio und sind entsprechend gut vernetzt, etwa mit der Industrie. Im Vertical Internet of Things (IoT) sind zum Beispiel Next Big Thing (NBT) aus Berlin und mantro aus München zu nennen. Bei NBT gibt es ein neues Programm, bei welchem in Zusammenarbeit mit Industriepartnern Probleme identifiziert werden, die mittels Ausgründung einer passenden Unternehmung marktübergreifend gelöst werden.

Acceleratoren wollen innerhalb eines festen Rahmenprogramms meist über mehrere Monate existierenden Startups dabei helfen, ihre Entwicklung zu beschleunigen. Das Ziel ist, möglichst eine nächste Stufe in der Entwicklung zu erreichen. Ein Vorzeigebeispiel hierfür ist APX, das gemeinsam von Axel Springer (die bereits Plug and Play betreiben) und

Porsche aufgebaut wurde. APX arbeitet intensiv an der Wiederholung des von Plug and Play entwickelten Vorzeigehits N26 (eines der deutschen FinTech Unicorns). Ob und wie es gelingt, bleibt abzuwarten.

Auf der anderen Seite haben auch schon einige Unternehmen ihre Acceleratoren wieder eingestellt, unter anderem Microsoft, Sky und Telefonica. Zu vermuten ist, dass der Aufwand und die erzeugten Ergebnisse in keinem sinnvollen Verhältnis zueinander standen.

Neben Inkubation und Acceleration gibt es auch viele Innovationseinheiten, die von allem etwas machen. Nicht immer ist klar, welchen Zweck die Maßnahmen verfolgen. Laut BCG leistet sich fast jedes Dax-Unternehmen mindestens eine Innovationseinheit. Allerdings sehen die Hälfte der Unternehmen ihre Erwartungen an diese Einheiten als nicht erfüllt an. Die teilnehmenden Startups sind sogar noch enttäuschter.

Als eine interessante Innovationsinitiative sticht für mich der Lufthansa Innovation Hub hervor. Sie ist die einzige Initiative, die sich die Lufthansa zum Thema Innovation leistet. Ein Vorzeigeprojekt ist Cargo One, eine Buchungsplattform für Luftfracht.

Der Hub strebt ein Verhältnis zwischen internen und externen Leuten von 50:50 an. Damit ist gewährleistet, dass genau die richtigen Kompetenzen im Raum sind und sich sinnvoll ergänzen. Des Weiteren ist damit die Brücke zu Entscheidungsebenen innerhalb des Konzerns sichergestellt. Ein wichtiges Instrument innerhalb der Aktivitäten ist auch die Anwendung eines „No-questions-asked“-Budgets von 25.000 Euro. Damit können schnell Dinge unkompliziert angegangen und ausprobiert werden. Es bleibt nur zu hoffen, dass der Hub nicht im Zuge der Krise einem Kostensenkungsprogramm zum Opfer fällt.

Einen Überblick über weitere Corporate Innovation Units habe ich auf www.dinotriffteinhorn.de zusammengestellt.

Grundsätzlich gibt es nicht die eine Innovationsaktivität, sondern viele Möglichkeiten. Folgende Fehler sollten jedoch nach Möglichkeit vermieden werden:

1) Es existiert keine klare Vorstellung von dem, was am Ende dabei herauskommen soll (Warum-Frage).
2) Alle fühlen sich genötigt, aktiv zu werden, und es gehört zum neuen Schick, eine „krawattenfreie Zone“ im Unternehmen zu betreiben (Innovationstheater).
3) Es besteht fehlende Klarheit darüber, wie das Programm langfristig in die Strategie des Unternehmens integriert werden soll.
4) Es kommt zu Überschneidung oder Hybridisierung (zum Beispiel wenn Venture Capital und Inkubator in ein Programm gepackt werden).
5) Die Innovationsinitiative wird wie eine reguläre Business Unit ohne Freiheiten (Budgets, Kommunikation etc.) geführt.

Ab und an geistern Wettbewerbe und Rankings durch die Medien à la „Wer betreibt den besten Inkubator?“. Die sollte man aber besser nicht für bare Münze nehmen. Zwei grundlegende Kritikpunkte daran:

1) Wenn die Bewertung durch ein Beratungsunternehmen durchgeführt wird, das den Aufbau solcher Programme

im Angebot hat, ist kein unabhängiges Urteil zu erwarten.

2) Wenn die Bewertung auf keinem Kriterium basiert, das den Outcome misst, gewinnen Programme, die noch keinerlei vorzeigbares Ergebnis erzeugt haben.

#28

WACHSTUM VS. GEWINN

Viele Corporates argumentieren, dass Startups keine Gewinne erzielen. Dem ist häufig so, denn es geht initial immer um das Finden eines Problem-Solution-Fits und eines Product-Market-Fits. Auch in der Phase des Product-Scale-Fits ist alles auf reines Wachstum ausgelegt. Alle Beteiligten legen dann mehr Wert auf „Impact" in der Zukunft als auf kurzfristigen „Profit". Denn wie auch schon Eric Ries gesagt hat: „Startups become more valuable when they learn important things about their future impact."

Nichtsdestotrotz gibt es viele Startups und Grownups, die durchaus profitabel sind. Um an diesen Punkt zu kommen, braucht jedes Startup unterschiedlich lange. Wie lange es dauert, kommt stark darauf an, welches Vertical bedient wird, wie das Geschäftsmodell ausgelegt ist und mit welcher Radikalität in Wachstum investiert wird.

Wie schon weiter vorn beschrieben, kann davon ausgegangen werden, dass ein IDE-Startup (siehe dazu #2) mindestens fünf bis acht Jahre braucht, um überhaupt profitabel zu werden. Hier ist es wichtig, langfristig zu denken. Besonders die anfängliche Wachstumsphase verlangt den Startups einiges ab und führt häufig zu regelrechten Wachstumsschmerzen.

Der Tourlane-Mitgründer Julian Weselek hat das schnelle Wachstum seines Startups mal in einem Interview wie folgt umschrieben: „Es hat sich manchmal so angefühlt, als würden wir mit 200 Sachen auf der Autobahn unterwegs sein, während wir gleichzeitig das Auto bauen, es betanken und zwischendurch Reifen wechseln."

Auch die schon beschriebenen Tech-Konzerne sind unter anderem deshalb so groß geworden, weil einerseits anfangs viel Geld investiert wurde und andererseits die ersten Gewinne immer direkt und vollständig wieder in die Company investiert wurden. Auch nachdem diese Unternehmen vielfach monopolähnliche Positionen eingenommen haben, neigen sie nicht dazu, ihre Gewinne zu horten oder gar an die Shareholder auszuschütten. Amazon hat bis heute kein Geld an seine Shareholder zurückgegeben. Jeff Bezos zieht es vor, die Gewinne lieber in weiteres Wachstum und relevantes Neugeschäft zu investieren. Der Return erfolgt bislang im stetig steigenden Aktienkurs, was jeden Shareholder erfreuen dürfte.

Die Tendenz, auf Wachstum zu schauen, hat sich im vergangenen Jahr noch weiter zugespitzt. Das Startup Choco, das eine B2B-Bestelllösung für Gastronomen betreibt, fokussiert auf Wachstum ohne Umsatz. Choco möchte Gastronomen dazu gewinnen, über die Choco-App ihre Bestellungen durchzuführen, die dann von einem Großhändler operativ ausgeführt werden. Bis Anfang 2020 hat Choco dafür keine Kommission verlangt. Choco hat dabei die Schwäche der eher analog geprägten Großhändler genutzt, um sich bei den Gastronomen als Top of the Funnel zu positionieren.

Die Zahlen haben – zumindest bis zur Corona-Krise – mit Blick auf Nutzerzahlen und Außenumsatz ein sehr gutes Wachstum dargelegt. Der Plan ist bzw. war vermutlich, eine ausreichend große Nutzerbasis aufzubauen, um dann, wenn das gehandelte Gesamtvolumen groß genug ist, diese Verhandlungsmacht zu nutzen, um eine bessere Marge und damit Innenumsatz zu generieren. Dieser Ansatz konnte Investoren überzeugen und hat dem Unternehmen weitere Millionen in einer Series A gesichert.

Aus Startup-Sicht gibt es grundsätzlich vier Wege für Wachstum – sogenannte Engines of Growth:

1) Wiederholungskäufe oder mehrmalige Nutzung
2) Mundpropaganda durch Begeisterung zufriedener Kunden
3) Sozialer Druck: Nutzer sehen im Produkt ein Statussymbol oder einen Trend und beeinflussen dadurch auch andere. Oder ein Nutzer nutzt einen Service für Transaktionen und zwingt dadurch andere, diesen zu nutzen (zum Beispiel Paypal).
4) Bezahlte Werbung: Das ist so lange in Ordnung, wie die Kundenakquisitionskosten geringer sind als der Umsatz, der mit dem Kunden erzielt wird. Den Überschuss kann das Unternehmen verwenden, um neue Kunden zu gewinnen. Je höher dieser Grenzertrag, desto schneller ist das Wachstum.

Im weiteren Verlauf der Corona-Krise und auch in einer Post-Corona-Welt wird der Fokus auf Wachstum etwas an Bedeutung verlieren. Es geht nun nicht mehr darum, um jeden Preis zu wachsen. In letzter Zeit schauen Investoren bei Startups auch auf Profitabilität und hinterfragen die Effizienz ihres eingesetzten Kapitals genauer als zuvor. Aktuell schrecken besonders hohe Burn Rates (also die Geldverbrennungsraten, die anzeigen, mit welcher Geschwindigkeit die finanziellen Mittel aufgebraucht werden) Investoren und Partner oftmals ab.

Nichtsdestotrotz ist eine gute und stringente Wachstumsstory immer noch ein wichtiger Fakt, der auch nach wie vor die Bewertung von Startups bestimmt. Gerade wenn Startups exponentiell wachsen, kommt es den Investoren weniger auf die Kapitaleffizienz an. Im Traumszenario schafft es ein Startup, neben guten Wachstumszahlen zumindest einen klaren Plan zur Profitabilität aufzuzeigen. Wichtig ist, dass Wachstum immer auch zu einer strukturellen Verbesserung im eigentlichen Kern des Unternehmens führt. Andernfalls ist und bleibt es nur ein schnelles Strohfeuer ohne nachhaltige Substanz.

Es gibt ein prominentes Beispiel für enormes Wachstum ohne klaren Pfad dafür, Profitabilität jemals zu erreichen, und ohne substanziellen Aufbau eines Unternehmenskern: WeWork. Der geplatzte Börsengang und die Milliardenverluste Ende 2019 waren bitter für den Hauptinvestor Softbank. Auch hier ist die Corona-Krise sicherlich wenig förderlich für die weitere Gesamtentwicklung.

Trotz des Corona-Dämpfers, der etwas Luft aus dem Wachstums-Hype bei Startups nimmt, bleibt es weiter spannend und Corporates müssen diese Entwicklungen verstehen und akzeptieren. Denn gerade beim Wachstumsverständnis von Startups gibt es meiner Erfahrung nach immer einen großen Dissens mit den Etablierten. Bei großen Corporates unterliegt das Management meist einem enormen Druck seitens der Stakeholder. Das führt dazu, dass eher kurzfristig gedacht und agiert wird. Hier spielt Wachstum in Kombination mit Profit- und Performance-Kennzahlen die Hauptrolle. An diese Kennzahlen sind meist auch die Jahres-Boni der Entscheider geknüpft, was dem Ganzen eine reine Zahlen- und Kurzfristdenke aufdrückt.

Dabei muss sich jede Corporate meist nur einmal an den Anfang der eigenen Unternehmensgeschichte zurückerinnern. Dann wird es in der Regel feststellen, dass die ersten Jahre oder sogar Jahrzehnte ganz unter dem Motto des Unternehmensaufbaus standen. Unternehmen sollten also verstehen, dass die Eroberung eines Eintrittsmarktes mit Verlusten verbunden ist. Startups sind meist sogar ein paar Schritte weiter und schauen bereits auf die attraktiven Zweit- und Drittmärkte, die hinter dem eigentlichen Eintrittsmarkt liegen.

Ergo entspricht die alte Sicht, nach der sich unternehmerischer Erfolg in der Generierung von ausschüttungsfähigen Gewinnen bemisst, nicht mehr der Wahrheit. Dies betrifft neben börsennotierten Unternehmen auch Familienunternehmen, die häufig in Familienstiftungen Geld ausschütten. Vielmehr geht es darum, den operativen Cashflow direkt wieder in das Unternehmen zu investieren, um damit die kontinuierliche Verbesserung der Wettbewerbsfähigkeit sicherzustellen.

#29

ANGST UM DIE MARKE

„Startups dürfen alles, etablierte Unternehmen nur, was erlaubt ist." Diese oder ähnliche Aussagen höre ich immer wieder von Corporate-Vertretern. Natürlich ist es nicht so, dass Startups alles dürfen und machen können, was sie wollen. Auch sie müssen sich an Dinge wie Gesetze oder die Marktregulatorik halten. Allerdings sind sie teilweise etwas freier und flexibler in der Ausgestaltung beziehungsweise Interpretation.

Klar, manchmal schützt das Nichtwissen. Das gilt aber, wenn überhaupt, nur in der Anfangsphase. Auch hier trägt wieder der Methodikunterschied Rechnung. Wie weiter vorn beschrieben, kann ein Startup relativ einfach ein Skateboard entwickeln oder sogar einen Roller. Eine Straßenverkehrszulassung braucht es dafür nicht. Auch ein Fahrrad ist immer noch einfacher zu konzipieren als ein Moped oder Auto. Demnach spielen Startups auch hier ein anderes Spiel, allerdings ein faires.

Die Regulatorik ist für Startups meist erst im späteren Verlauf relevant. Sie fokussieren sich anfangs auf den Endnutzer und sobald sie dessen Problem verstanden haben, entwickeln sie eine passende Lösung. Erst dann stellt sich ein Startup ernsthafte Fragen der Realisierung und Skalierung sowie regulatorische Fragen.

Viele konsumentenorientierte Unternehmen hängen an ihren Marken. Mithilfe der Marken, die sie meist über Jahrzehnte aufgebaut und aufgeladen haben, ist es vielen Unternehmen gelungen, zu wahren Marktgiganten aufzusteigen. Man denke nur an Maggi oder Nescafé. Unternehmen wie Ferrero haben eine ganze Vielzahl an Marken, die allein jeweils dreistellige Millionenumsätze und mehr generieren (zum Beispiel Nutella). Da ist es nachvollziehbar, dass solche Unternehmen sehr stark an ihren Marken hängen und auch darauf bedacht sind, sie zu schützen und mit ihnen weitere Wachstumsziele zu erreichen.

Nun ist es aber so, dass viele der Konsumentenprodukte keine klare Differenzierung mehr besitzen, abgesehen von der Marke. Die Produkte selbst sind meist sogar recht günstig hergestellt, also mit einfachsten Inhaltsstoffen, werden dann aber mit viel Marketingaufwand in den Markt gedrückt.

Die Unternehmen müssen erkennen, dass die Relevanz des Produktes in den letzten Jahren deutlich zugenommen hat, und zwar auf Kosten der Marke. Ein Beispiel aus dem Gewürzbereich verdeutlicht das. In den letzten Jahren haben Unternehmen wie Just Spices oder Ankerkraut mit neuen und innovativen Produktansätzen, einer klaren Funktionalität und einer Digital-First-Strategie nach und nach das Supermarktregal erobert. Die traditionellen Hersteller, die dort immer noch über eigene Regale verfügen, haben sich lange schwergetan, eine Antwort darauf zu finden. Die neuen Player wurden zu lange belächelt und nicht erst genommen. Als der Ernst der Lage erkannt wurde, dauerte die Durchlaufzeit für die Entwicklung neuer Produktantworten bei den traditionellen Herstellern einfach zu lange.

Die Hauptherausforderung, vor der (nahezu) alle Markenhersteller stehen, ist die Angst um die Marke, wenn es um Veränderungen oder Neuproduktentwicklungen geht. Es gibt aus Sicht der Unternehmen keine Möglichkeit, in Produktexperimente einzusteigen, die in irgendeiner Art und Weise die Marke gefährden könnten. Zu einer sogenannten Line Extension, also einer Erweiterung der Produktpalette, bei der zum Beispiel neue Geschmacksrichtungen auf den Markt gebracht werden, lassen sich die Unternehmen noch hinreißen. Da ist man schließlich in einigermaßen bekannten Fahrwassern unterwegs, das Risiko ist überschaubar.

Damit kann man am Markt nach wie vor Erfolg haben, wie unter anderem das Beispiel Knoppers zeigt. Das Unternehmen Storck hat mit Knoppers als Riegel im Jahr 2019 eines der erfolgreichsten Produkte im deutschen Lebensmittelhandel geschaffen.

Ich bleibe aber dabei: Das sind alles nur kleine Schritte, die aktuell scheinbar noch ausreichen, um den Marktanteil zu verteidigen oder zum Teil auszubauen. Allerdings leiden hier oft die Gewinnmargen, da neue Produkte in den Regalen immer beworben und bezahlt eingelistet werden müssen.

Letzten Endes werden auch Unternehmen wie Storck nicht drum herumkommen, den zuckerhaltigen Snack grundsätzlich zu hinterfragen, neu zu denken und letztlich mit neuen Produkten am Markt zu experimentieren.

#30

PROJEKT STERNWARTE

Unabhängig von der späteren Umsetzung ist der anfängliche Trigger für eine Idee oder ein neues Produkt relevant und muss genauer betrachtet werden. Dieser Trigger kann aus vielen unterschiedlichen Richtungen erfolgen. Zum Beispiel kann die Forschungs- und Entwicklungsabteilung, der Vertrieb, die Geschäftsleitung, die Fachabteilung oder der Kunde selbst auf ein Problem aufmerksam machen.

Auf der einen Seite sollte der Funnel für die Suche und Selektion von Ideen bzw. Problemen möglichst breit aufgebaut sein. Auf der anderen Seite kann und sollte der Ansatz schon zu Beginn einen nischigen Charakter aufweisen und nicht sofort ein Allerweltsproblem lösen.

An sich sage ich immer: Es kann nicht nischenhaft genug sein. Allerdings gibt es auch Fälle, in denen die Fokussierung zu speziell ist und keinerlei Raum und Expansionsmöglichkeit für die Lösung mehr lässt. Ich nenne dies das „Projekt Sternwarte". Der Ausdruck basiert auf einer Erfahrung, die ich bei einer Zusammenarbeit mit einem Mittelständler gemacht habe. Das Unternehmen in Familienhand mit langer Tradition ist Experte für die Vermessung von Räumen und Baustellen verschiedenster Art. Über den Vertrieb bekam das Unternehmen eine Anfrage von einer Sternwarte, die im Zuge einer Restauration vermessen werden sollte. Die spezielle Anforderung war, dass es in den Räumlichkeiten wenig bis keine Ecken gab und deshalb eine spezielle Vermessungslösung notwendig war. Dafür war bislang im Produktportfolio keine Lösung vorhanden. Deshalb hat sich das Unternehmen, und dort speziell die Entwicklungsabteilung, berufen gefühlt, eine Lösung zu entwickeln. Am Ende dauerte die gesamte Entwicklung eines Prototypen, also einer klobigen, nur bedingt einsatzfähigen Lösung, 1,5 Jahre und kostete etwa eine halbe Million Euro. Und damit konnte die eigentliche Anforderung des Kunden noch nicht einmal abgedeckt werden. Die Entwickler hatten zudem ignoriert, dass es eine Vielzahl an digitalen Lösungen gibt, die mithilfe von Laser- und Lidar-Systemen Räume auf den Millimeter genau vermessen können.

Kurzum, der Trigger beziehungsweise das gewählte Problem war zu speziell. Es wurde auch nicht frühzeitig reflektiert, was es am Markt bereits an Lösungen gibt. Hier wäre es gescheiter gewesen, mithilfe von Kooperation die notwendige Technologie mit den Fähigkeiten der Vermessung zu vereinen. Zudem hätte eine genaue Bewertung der Frage- und Aufgabenstellung erfolgen müssen. Schließlich ist es offensichtlich, dass es nicht allzu viele Sternwarten gibt. Zumal solche, die eine Restauration durchführen und dafür auf die potenzielle Lösung zurückgreifen können.

Ein Gespräch mit Architekten, Restaurateuren oder ähnlichen Experten hätte auch helfen können, einzuschätzen, ob es weitere Anwendungsmöglichkeiten außerhalb der Sternwarte geben würde. Das ist leider alles nicht passiert und das Projekt wurde nach knapp zwei Jahren intern eingestellt, nachdem es zu allerhand Unmut in den eigenen Reihen geführt hatte.

Solche oder ähnliche Vorhaben entdecke ich immer wieder in verschiedensten Branchen und Unternehmensbereichen. Auch bei Startups erlebe ich das Bestreben, ein von den Gründern wahrgenommenes Problem auf alle anderen in der Nutzergruppe zu übertragen. Dabei schließt man von einem individuellen Problem auf die Allgemeinheit. Doch nur weil ich ein bestimmtes Problem habe und meine Lösungsidee dafür toll finde, müssen das andere nicht auch so sehen. Das ist ein Trugschluss, der vielen jungen Gründern zu schaffen macht.

Einem Unternehmen aus dem Maschinenbau ist es gelungen, ein Projekt Sternwarte in Form einer singulären Lösung für ein spezielles Problem in ihrem Kerngeschäft zu entwickeln. Mithilfe digitaler Technologie wurde das Thema Predictive Maintenance angegangen und ein konkretes Problem im internen Servicegeschäft gelöst.

Das Unternehmen hatte dabei auf bereits existierende Standardlösungen gesetzt und es weder zu groß im Lösungsumfang noch zu spitz in der Anwendungsbreite aufgebaut. Deshalb konnte das interne Projekt nach zwei Jahren erfolgreich abgeschlossen werden. Glück gehabt! Dennoch waren Aufwand und Kosten exorbitant hoch. Deshalb fragt sich jetzt die Geschäftsleitung, ob man auf der Lösung auch externes relevantes Geschäft in Form von neuen Geschäftsmodellen aufbauen kann. Ratsam wäre gewesen, solche Überlegungen von Anfang an mit einzubeziehen.

Das heißt: Ich suche mir ein Nischenproblem, das greifbar, relevant und vor allem in einem überschaubaren Zeitraum lösbar ist. Zeitgleich stelle ich mir die Frage, wie die Entwicklungsstufen dahinter aussehen können. Damit ist allen Beteiligten klar, woran sie wirklich arbeiten, und auch die Allokation von Ressourcen fällt leichter. Zeitgleich sollte auch immer geschaut werden, welche Startups in dem Bereich bereits aktiv sind und Lösungen haben. Ich habe fast immer recht, wenn ich sage, dass es genau eine solche Lösung schon gibt. Das zeigt wieder, wie wichtig ein gutes Problem ist.

#31

ZU VIEL DESIGN THINKING – ZU WENIG DESIGN DOING

Ich glaube, es gibt kein Unternehmen mehr, welches nicht schon eigenständig oder mithilfe externer Unterstützer einen Design-Thinking-Kurs durchgeführt hat, um schnell und mit Fokus auf den Kunden neue Produktideen zu erarbeiten. Grundsätzlich ist der Ansatz gut, denn er fokussiert auf den Kunden beziehungsweise das Kundenproblem und versucht, deren Blick einzunehmen. Doch leider fehlt es hinten raus oft an konkreten Outcomes in Form von vorzeigbaren Produkten, die zumindest in absehbarer Zeit am Markt erfolgreich platziert werden.

Ich habe schon so viele Workshopräume und Projektboards gesehen, die die Ergebnisse einer Design Thinking Session in Form von Post-its widergespiegelt haben. Bei detailliertem Nachfragen, was dann mit den ganzen Inhalten auf den Post-its passiert ist, herrscht oft bedrücktes Schweigen. Meist hat sich noch irgendjemand gefunden, der eine Fotodokumentation der nicht lesbaren und wenig strukturierten Sachen gemacht hat. Diese wurden dann per Mail an die Teilnehmer versendet und das war's.

Auch die in Corona-Zeiten boomenden digitalen Whiteboards und Online-Sprint-Tools ändern daran wenig. Ich finde Design Thinking als Methode zum Erlernen eines für das Unternehmen neuen oder in Vergessenheit geratenen Blickwinkels richtig und sehr sinnvoll. Ein Vorteil ist auch, dass es die Unternehmen zum „get out of the office" und zum direkten Austausch mit dem Kunden zwingt. Das ist für viele Unternehmensvertreter immer noch augenöffnend, wenn mal eine ehrliche Kundensicht auf dem Tisch liegt oder ein direkter Austausch so viele neue Einblicke generiert. Der Kern der Nutzerzentrierung im Design Thinking ähnelt auch dem ebenfalls vielfach verwendeten Lean-Startup-Ansatz.

Ich kritisiere bei beiden Ansätzen, dass es fast ausschließlich um bestehende Kunden oder Nutzer geht. Leider liegt hier ein grundsätzliches Missverständnis vor, welches sich am besten in den Worten von Steve Jobs erklären lässt: „It isn't the customer's job to know what they want."

Für mich kommt das Befragen der bestehenden Kunden einem „Fischen im Aquarium" gleich. Es fokussiert zu viel auf das, was Kunden möglicherweise heute wollen und führt maximal zu kleinen Neuerungen. Stattdessen sollte es darum gehen, herauszufinden und vorausschauend zu antizipieren, was in naher Zukunft kommen wird.

Clayton Christensen hat in seiner Arbeit über disruptive Innovation aufgezeigt, dass zwischen wirklich neuartigen disruptiven Innovationen und dem Kunden oft keinerlei Beziehung besteht. Hier passt das Zitat von Henry Ford immer noch: „Hätte ich gefragt, was meine Kunden wollen, hätten sie gesagt: schnellere Pferde."

Somit kann Design Thinking eher dazu dienen, den eigenen Leuten einen neuen Blickwinkel zu verschaffen, indem man sie aus dem normalen Umfeld zumindest temporär rausholt und mit den Kunden interagieren lässt. Ich bin aber davon überzeugt, dass die Ergebnisse von Design Thinking eher inkrementeller Natur sind und eher keine bahnbrechende Neuerungen geschaffen werden können.

Bei Startups hingehen stelle ich immer wieder fest, dass alle die Methode Design Thinking kennen, aber sie weniger aufgesetzt verwenden. Anstatt explizit einen Workshop zu machen, werden die Grundzüge der Methode eher im täglichen Tun des Startup-Teams inkludiert und finden indirekt Anwendung.

Dann wird entweder versucht, das zu belegen, was noch nicht klar ist, um damit weiter in das Unbekannte vorzustoßen. Oder anstelle der Präsentation einer Idee kommt gleich die Vorstellung der Lösung. Jeder Preto- oder Prototyp ist besser als eine bloße Idee.

Ich kenne viele Gründer, die durch ein Design-Thinking-Seminar oder eine spezielle Ausbildung erst zur Gründung gekommen sind. Sie haben in einem teilweise mehrwöchigen Seminar die Methode kennengelernt und angewendet. Im Anschluss hatten sie im besten Fall die Möglichkeit, die erarbeitete und vorqualifizierte Idee direkt in eine Unternehmung zu überführen.

Ein Beispiel was ich sehr gut kenne und verfolgt habe, kommt von Dirk Fehse, dem Gründer von PaulCamper. Er hatte schon vorher die Idee mit der Camper-Vermittlung. Mithilfe des Design-Thinking-Seminars konnte er die letzten Puzzlestücke zusammenbauen und ausreichend Feedback einsammeln, was ihn letztlich zur Gründung der heute erfolgreichen PaulCamper-Plattform bewogen hat. Genau dieser Schritt, also Verantwortlichkeit und Ausgründung, fehlt im Corporate-Umfeld meist gänzlich. Es bleibt zu oft beim Design Thinking und es kommt zu selten zum Design Doing.

#32

TANZ, STARTUP, TANZ

Die meisten Startups brauchen an einem Punkt ihres Weges Corporates, entweder als Partner, Investoren oder Kunden. Gerade als Partner kann eine Corporate mit skalierbaren Operations und Vertriebsstrukturen dem Startup in verschiedenen Phasen aktiv helfen.

Dazu hat in den letzten Jahren ein reger Austausch mit verschiedenen Anbahnungsversuchen auf vielen Ebenen stattgefunden. Leider hat sich dabei aber auch eine Marotte eingeschlichen: der Tanzbär-Ansatz.

Nicolas Hartmann, der Gründer von vly, hat mir hierzu berichtet, dass Corporates ihn immer wieder einladen, um sich das Produkt (eine alternative Milch auf Basis von Erbsen), den Ansatz und das Geschäftsmodell präsentieren zu lassen. Das Team bereitet sich darauf entsprechend vor, reist dafür quer durchs Land (oft auf eigene Kosten) und investiert viel Zeit. Doch in den meisten Fällen kommt nichts dabei rum.

Hier fehlt es aus meiner Sicht am richtigen Grundverständnis seitens der Corporates. Ein Startup hat gerade in der frühen Phase fast immer weniger als zehn Mitarbeiter. Damit ist die Ressource der Gründer besonders gefragt. Die Ressource muss somit sinnvoll eingesetzt werden. Es ergibt keinen Sinn, wenn ein Gründerteam eine Präsentation einmal erstellt, dann für den Aufsichtsrat nochmal eine Anpassung machen muss und am Ende nochmal fünf Schleifen drehen soll. Für das Startup ist das ein riesiges Investment. Corporates müssen sich nur mal vorstellen, der CEO des Unternehmens müsste mal eben einen vollen Tag in eine Präsentation investieren.

Auch die Größe von Startups spielt dabei eine entscheidende Rolle. Umso größer das Startup ist, desto eher spricht man auf Augenhöhe. Kleine Startups mit wenigen Mitarbeitern in der Phase Problem-Solution-Fit oder Product-Market-Fit haben da meist schlechtere Karten.

Ein Startup hat zu Beginn immer das klassische Henne-Ei-Problem. Es braucht einschlägige Referenzen von am besten namhaften Kunden, um damit weitere Kunden zu gewinnen. Dazu müssen sie die Sprache der Corporates beherrschen und darauf achten, nur nicht abgehoben daherzukommen. Wenn sie es schaffen, Verständnis für das Prozessdenken und Vorgehen in einer Corporate zu zeigen, und dann noch mit einem Partner oder einer einschlägigen Referenz auffahren können, ist eine gute Grundlage geschaffen.

Deshalb richten sich die guten Startups auch einen Beirat ein, der meist aus Leuten besteht, die einen gewissen Erfahrungsschatz und viele Jahre Industrieerfahrung aufweisen. Zudem bringen sie bestenfalls auch ein Netzwerk und damit Zugänge in die Industrie mit, die den Startups gerade den Einstieg erleichtern soll (vor allem im B2B-Bereich).

Es hat sich auch gezeigt, dass wenn es doch zu solchen „Tanzaufführung“ kommt, es erfolgversprechender ist, wenn Startup und Corporate nicht auf der gleichen Stufe der Wertschöpfungskette unterwegs sind. Denn sie sind somit theoretisch Wettbewerber. Daher neigt die Corporate mit einem ähnlichen Skill Set schnell dazu, das Startup nach Details auszuquetschen, ohne dass letztlich etwas dabei herauskommt.

Sinnvoller ist es, Gespräche zwischen beiden Seiten auf unterschiedlichen Wertschöpfungsstufen zu beginnen. Hier besteht dann trotzdem die Gefahr, dass die Corporate Kunden hat, die das Startup als Wettbewerber sehen.

Die Devise heißt also: vorher überlegen, welches Startup zu welcher Corporate passt und umgekehrt. Gute Startups sind ohnehin sehr fokussiert unterwegs und sagen Vortanzveranstaltungen bei Corporates sofort ab, wenn sie keinen Value darin sehen.

#33

SENIOR MANAGEMENT FÄLLT STARTUPS SCHWER

Es ist unumstritten, dass das Thema Startup ein Generationenthema ist. Die jungen Generationen sind quasi damit aufgewachsen. Schaut man in eine Corporate, ist das ähnlich. Junge Mitarbeiter oder Nachwuchsführungskräfte haben einen ganz anderen Blick und eine grundsätzlich offene Einstellung zum Thema Startup. Auch die jüngere Entscheidergeneration (bis etwa 50 Jahre) versteht aus meiner Sicht deutlich besser, welche Rolle Startups in der aktuellen Entwicklung einnehmen. Meist gibt es aber noch eine Entscheidungsebene darüber, die schon aufgrund ihres Alters die Dinge anders sieht und sich grundsätzlich schwerer mit dem Thema Startup tut.

In den letzten Jahren und gerade in der heutigen Zeit geht es im Managementprozess vor allem darum, schnell Antworten auf stetig veränderte Rahmenbedingungen zu finden. Ich sehe aktuell verschiedene Punkte, die es dem Senior Management schwer machen, sich mit den neuen Themen rund um Startups zu beschäftigen:

1) Erfahrung und Expertise haben einen anderen Stellenwert in der heutigen Zeit. Viel Erfahrung heißt nicht zwangsläufig, immer alles richtig gemacht zu haben. Anforderungen verändern sich heute rasend

schnell, sodass die Halbwertzeit von gesammelten Erfahrungen sehr stark abgenommen hat. Zudem führt viel Erfahrung und Expertise in einem Markt dazu, dass neue Chancen und Opportunitäten mit Potenzial entweder nicht oder zu spät gesehen bzw. falsch eingeschätzt werden (siehe Innovators-Dilemma in #14).

2) KPIs dominieren das Denken und fokussieren zudem auf einen falschen Zeithorizont. Bis etwas Neues entsteht, braucht es mindestens fünf Jahre.

3) Es herrscht eine zu starke Bewahrermentalität (Narrow Thinking) und zu wenig Offenheit für den Wandel (Open Thinking). Das äußert sich vielseitig, vor allem, wenn es um das Abgeben von Verantwortung geht, aber auch in Bezug auf die Akzeptanz von Fehlern und den Raum zum Freidenken. Die Kultur ist viel öfter durch ein „ja, aber ..." als durch ein „ja, und ..." geprägt.

4) Für die Auseinandersetzung mit Startups und zum Lernen wird keine Zeit eingeräumt. Geschätzt, würde ich sagen, beschäftigt sich das Senior Management fast zu 100 Prozent mit dem aktuellen Kerngeschäft und damit mit seinen Wettbewerbern. Kaum jemand nimmt sich wirklich die Zeit, sich aktiv selbst mit Startups zu befassen. Hinzu kommt häufig eine gewisse Immunität gegenüber neuen Ansätzen („Das gab es alles schon, brauchen wir nicht, funktioniert sowieso nicht."). Dabei ist doch eigentlich klar, dass jeder in der Auseinandersetzung mit dem Neuen nur dazulernen kann.

5) Sie sind wenig oder gar nicht für Startups erreichbar. Es gibt dann zum Beispiel dedizierte Abteilungen und Bereiche, die sich mit Startups beschäftigen. Leider viel zu selten übernimmt das das Senior Management selbst. Man muss nur einmal schauen, wie wenig CEOs etwa einen eigenen Account bei LinkedIn haben und darüber auch einigermaßen erreichbar sind.

Die genannten Punkte machen es Startups meist ungeheuer schwer, sich mit den relevanten Personen und Entscheidern innerhalb einer Organisation zu vernetzen. Corporates muss klar sein, dass Startups immer schnell mit Entscheidern sprechen wollen. Schon allein, um die Gefahr des sinnlosen „Tanz, Startup, Tanz" zu vermeiden.

Sollte es dennoch klappen, hier noch ein paar spannende Beispielfragen, die Startups Entscheidern im Unternehmen stellen können und helfen zu verstehen, wie das Senior Management zu dem Themen steht:

1) Wer überblickt in ihrem Unternehmen die potenziell spannendsten Wachstumsinitiativen, welche in naher Zukunft ein neues Standbein oder gar eine Einheit des Unternehmens werden kann?

2) Wer befähigt fortlaufend die Organisation dazu, übergreifend ein experimentierfreudiges und iteratives Entrepreneurship-Mindset zu entwickeln?

Abschließend gebe ich Startups noch mit auf den Weg, die Entscheider in Corporates grob nach drei Charakteren zu durchleuchten: Ist mein Gegenüber ein Blockierer (findet immer ein Argument dagegen), ein Mobilisierer (will etwas bewegen) oder ein Talker (redet zwar, bewegt aber nichts)? Mit dem ersten sollte man keine Zeit verschwenden. Der zweite Charakter ist der relevantere, um voranzukommen. Mit dem letzten sollte auch eher weniger Zeit verbracht werden, auch wenn es immer nett sein kann.

#34

UNKLARE ROLLEN UND VERANTWORTLICHKEITEN

Eine selbstkritische Reflexion der eigenen Kompetenzen im Management einer Corporate ist ein wichtiger Schritt, aber auch eine besondere Herausforderung. Ziel muss es sein, die richtigen Entscheider oder den Nachwuchs mit Potenzial zu identifizieren, um sie gezielt in die richtigen Rollen zu bringen und zu fördern.

Diese Rollen zu definieren, ist nicht leicht. Sicher hat jede Corporate andere und auch teils spezielle Anforderungen oder Grundvoraussetzungen. Fest steht, dass es für die Zusammenarbeit mit Startups extrem wichtig ist, dass die richtige Person eines Startups auf die richtige Person einer Corporate trifft. Hier geht es darum, schnelle Entscheidungen zu treffen. Das ist und bleibt einer der wichtigsten Hebel, wenn man eine schnelle und ergiebige Zusammenarbeit realisieren möchte.

Corporates haben in den letzten Jahren sowohl für das Thema Startup als auch für Innovationen (inklusive der digitalen Transformation) neue Rollen und Verantwortlichkeiten geschaffen, allen voran die Rolle des CDOs (Chief Digital Officer) oder des CIOs (Chief Innovation Officer). Studien unter anderem von Egon Zehnder zeigen, dass zirka ein Drittel der großen Unternehmen mindestens eine solche Stelle installiert hat.

Diese werden allerdings mit sehr unterschiedlichen Charakteren besetzt. Eine Variante ist, dass es sich um einen Junior Manager handelt, meist sogar aus den eigenen Reihen. Ihm wird schon aufgrund seines Alters (weit unter 40) eine digitale Kompetenz zugesprochen. Eine weitere Variante ist ein Senior Manager, der am besten schon in den 2000er-Jahren dabei war, wenn möglich in der Dotcom-Phase. Man kann es sich vorstellen: Beides ist keine gute Wahl!

Es braucht einen wirklich digitalen Menschen. Dieser sollte von außerhalb des Unternehmens kommen und braucht entsprechende Durchgriffsmöglichkeiten, um sich in den Machtspielen zu behaupten. Denn oft reibt sich dieser digitale Mensch schnell mit den Managern aus der Kernorganisation. Das muss zu einem Teil zugelassen werden, da Reibung ja bekanntlich Nestwärme erzeugt. Gleichzeitig muss das bestehende Kerngeschäft auch weiter digital befähigt werden.

Wenn es um Startups geht, braucht es neben der Hauptentscheiderrolle noch weitere Rollen, um eine Zusammenarbeit erfolgreich zu gestalten.

1) Der Initiator ist jemand, der intern oder extern den Trigger setzt, sodass zum Beispiel ein Problem identifiziert und mit einer Lösung in Form eines Startups zusammengebracht wird. Damit soll verhindert werden, dass es immer eine Ad-hoc-Aktion ist anstelle einer gewissen routine-mäßigen Abfolge.

2) Der Treiber ist jemand, der innerhalb der Corporate gemeinsam mit dem Entscheider (CDO etc.) das

„Projekt" mit dem Startup durch die eigenen Reihen treibt. Hier passiert es viel zu oft, dass klassische Projektmechanismen aufgesetzt werden und das Projekt dann innerhalb der eigenen Prozesse zermahlen wird oder einfach hängen bleibt.

3) Der Reflektor ist jemand, der regelmäßig neutral auf die Zusammenarbeit schaut. Es kommt viel zu häufig vor, dass sich auch das Startup in seiner Art und Weise zu sehr den Corporates annähert und damit auch seine Radikalität verliert. Oft habe ich erlebt, dass das eigentliche Ziel aus den Augen gerät und damit die Gefahr besteht, dass es letztlich nur ein weiteres internes Corporate-Projekt wird.

In diesen jeweiligen Rollen habe ich in den letzten Jahren einige „Steigbügelhalter" in die Corporates vermittelt. Nicht immer ist externer Support wichtig, aber meist braucht es diesen Schritt des Befähigens, sodass das Gesamtvorhaben rund um Startups in ein funktionierendes Setting überführt werden kann. Ich sehe hierin schon einen großen Schritt aus Sicht der Corporates und schätze bei einigen Unternehmen den pragmatischen und unternehmerischen Ansatz. Letztlich ist es wie beim Lernen des Fahrradfahrens: Man muss einfach anfangen. Erst mithilfe von Stützrädern oder eines Laufrades, um dann Schritt für Schritt immer sicherer zu werden.

#35

INVESTMENT IN STARTUPS – GANZ SO EINFACH IST ES NICHT

Es gibt viele Ratgeber und Ansätze dafür, wie man ein guter Gründer sein kann. Viel seltener wird darüber geschrieben, wie ein Corporate ein guter Partner bzw. Investor sein kann. In diesem Bereich gibt es nach wie vor viel Unwissenheit und man stellt eher ein Ausprobieren seitens der Corporates fest.

Innerhalb der Startup-Welt wird der Nutzen einer Corporate als Investor und als strategischer Partner kontrovers diskutiert. Gerade Gründer, die viel Potenzial haben oder besonders viel von sich halten, nehmen in der Regel eher Geld von institutionellen Geldgebern als von Corporates.

Ein Investor sollte aus Startup-Sicht generell Expertise mitbringen. Weitere wichtige Faktoren sind langfristiges Denken und fortwährende Verfügbarkeit. Eine Investition in ein Startup ist immer langfristig. Kapitalrückflüsse aus einer Seed/Series A sind im besten Fall frühestens nach sieben bis zehn Jahren zu erwarten. Und dem Startup ist es seinerseits wichtig, einen Investor zu haben, der auch in fünf bis zehn Jahren noch existiert. Vor allem sollte das Team, das die initialen Investments gemacht hat, auch später noch als Ansprechpartner an Bord sein.

Corporates steigen leider häufig mit falschen Annahmen und unpassenden Vorgehensweisen in dieses Feld ein. Viele gehen zum Beispiel davon aus, dass Venture Capital ähnlich funktioniert wie M&A.

Dieser Irrglaube führt zum Beispiel dazu, dass nach der Gründung einer CVC-Einheit dort die bereits existierenden M&A-Manager eingesetzt werden. Die sollen dann das Thema Startup-Investments übernehmen, haben aber in der Regel wenig Erfahrung im Umgang damit.

Es hilft auch nicht, einfach ein Entscheider-Board aus CEO, CFO und COO aufzustellen, wie er auch ähnlich in Investment-Fonds existiert. Im Fall der Investment-Fonds treffen diese tatsächlich schnelle und beherzte Entscheidungen. In CVCs hingegen beobachte ich manchmal, dass das Investment Board alle drei Monate tagt – und dann Entscheidungen trifft oder auch nicht. Dann kann es für spannende und spontane Opportunitäten aber schon viel zu spät sein.

Ein guter Venture Capitalist bekommt im Jahr bis zu 10.000 Pitchdecks von Startups. Davon muss er dann schätzungsweise mit 2.000 sprechen bzw. diese interviewen. Investieren wird er letztlich nur in etwa 20 über einen Zeitraum von drei bis vier Jahren und zwei werden ein Hit. Da zeigt sich schon, dass es viel Traktion und Professionalität im Prozess braucht.

Somit sind die Anforderungen und Arbeitsbelastungen für eine einigermaßen professionelle CVC-Einheit enorm. Hier sollte sich jedes Unternehmen (und auch Startup) fragen, ob der Ansatz „Wir kaufen dann mal ein paar Startups" mit einem Gesamtvolumen von ein paar Millionen Euro wirklich sinnvoll ist.

Bezüglich der Investment-Höhe und Fonds-Größe habe ich im CVC-Bereich schon einiges gesehen. Von einer Million bis zu 100 Millionen. Dabei muss eigentlich klar sein, dass ein halbwegs professionell gemanagter Fonds mindestens 50 Millionen an Kapital benötigt. Bei einer Management Fee von 1 bis 2 Prozent hätte man knapp 0,5 bis eine Million Euro pro Jahr zur Verfügung, um ein bis zwei Senior Investment Manager, dazu zwei bis drei Junior Manager sowie Büro, Reisekosten und Ähnliches abzudecken.

Eine Chance, die von Corporates noch viel zu wenig in Bezug auf Investments genutzt wird, ist der B2B-Bereich. Dieser Bereich liegt vielen B2B-Unternehmen ohnehin näher. Zudem geht es hier nicht nur um finanzielle Mittel, sondern vielmehr um den Zugang und die Insights der Corporate-„Plattform".

Wirklich geholfen werden kann einem Startup, indem es finanzielle Mittel, inhaltlichen Support und die richtigen Zugänge bekommt. Ideal ist ein CVC-Team, das aus einer Mischung von Corporate- und VC-Leuten besteht. Die Corporate-Leute sind dann besonders wertvoll, wenn es um Zugang zur Organisation oder um das Verständnis von Prozessen geht. Die VC-Leuten helfen dabei, die Startup-Perspektive zu verstehen, und bringen die entsprechende Expertise ein.

CVC kann eine wertvolle Initiative sein, wenn mit Ernsthaftigkeit und Professionalität vorgegangen wird. CVC kann auch dazu beitragen, die Gesamteinstellung eines Unternehmens zum Thema Startup zu verändern. Allerdings kann CVC auch mit guten Investments nicht dabei helfen, die Überlebensfähigkeit der Kernorganisation zu sichern!

#36

FEHLER EINGESTEHEN – INITIATIVEN STOPPEN

Wie schon beschrieben, beschäftigen sich alle DAX-Konzerne und schätzungsweise 30 bis 50 Prozent aller großen Mittelstandsunternehmen in Deutschland mit verschiedenen Initiativen rund um das Thema Startups. Allerdings wird meist mehr Zeit aufgewendet, als anfangs geplant war, und die Ergebnisse lassen zu wünschen übrig. Und zwar schon unter normalen Bedingungen. In turbulenten Krisenzeiten wird das Ganze sicherlich nicht einfacher.

Mir fällt allerdings immer wieder auf, dass sich trotz offener Probleme kaum jemand eingestehen kann, dass die Initiative nicht so läuft wie gedacht. Wenn zum Beispiel das Lab noch nicht die nötigen Impulse für das Neugeschäft geliefert hat, obwohl das eigentlich im Zwei-Jahres-Plan vorgesehen war. Oder wenn das neue Produkt, das mit neuen Methoden gemeinsam mit einem Startup entwickelt wurde, wenig Anklang am Markt findet.

Hier kommen aus meiner Sicht immer mehrere Probleme auf einmal zusammen:

1) die fehlende Eingangshypothese der Initiative und der falsche Umgang mit einer möglichen Falsifizierung (also

dem Verwerfen der Hypothese bei negativen Ergebnissen);
2) falsche Zielmetriken und unrealistische Erwartungen an schnellen Return;
3) falsche Vorstellungen („Mit viel Tamtam und Geld kann man schon was reißen.")

Ich habe leider viel zu selten erlebt, dass ein Unternehmen auch mal die Reißleine zieht oder hart gegensteuert, wenn Dinge nicht laufen. Geschweige denn, dass das transparent kommuniziert wird, zumindest intern. So könnte wenigstens eine wertvolle Lernerfahrung daraus abgeleitet werden. Doch gerade das Dazulernen kommt im Performance-Denken vieler Corporates nicht vor.

Durch die Corona-Krise kommt ein gänzlich neuer Druck auf alle innovationsgetriebenen Initiativen hinzu, sowohl von außen als auch von innen. Jahrelang gab es viel Unterstützung und entsprechende Mittel. Jetzt wird der Rotstift angesetzt.

Wie bereits erwähnt geht es zu weit, wenn nahezu alles gestoppt wird, was auf das Thema Startup und Innovation einzahlt. Stoppen sollte man nur Projekte und Initiativen, die vorher schon schlecht liefen oder an denen ohnehin große Zweifel bestanden.

Ein allgemeiner Full Stop ohne genaues Hinschauen könnte langfristig das Aus für jegliche Innovationsarbeit und damit auch für die Zukunftssicherung des Unternehmens bedeuten.

MAẞNAHMEN UND EMPFEHLUNGEN

Wie umfassend beschrieben, gab es in den vergangenen Jahren viele Versuche aus Corporate-Sicht, sich dem Thema Startup und damit auch dem Thema „Innovation neu denken" zu nähern. Von den gestarteten Initiativen haben nachweislich nur die wenigsten ihr Ziel erfüllt. Das hatte wie beschrieben unterschiedlichste Ursachen. Durch die Corona-Krise kommen jetzt noch härtere Regeln und Anforderungen hinzu. Diese äußern sich in konkreten Messgrößen (Umsatzzielen), die mit neuen Maßnahmen und Initiativen erreicht werden sollen.

Der Zugang und die Zusammenarbeit mit Startups ist trotz aller Herausforderungen einer der besten und gleichzeitig auch kostengünstigsten Wege für Corporates, die digitale Transformation und viele der aktuellen Unwägbarkeiten zu meistern. Aktuell dominieren hier immer noch vermehrt Digitalberatungsunternehmen oder Innovationsagenturen als externe Unterstützer das Bild.

Nachdem es in den vorangegangen Kapiteln vorrangig um Verstehen und Begreifen ging, soll das letzte Kapitel dazu dienen, in eine gewisse Pragmatik überzugehen und die Dinge möglichst greifbar zu machen.

Was Corporates brauchen, ist weniger die neue Innovationseinheit oder ein Investment Vehicle. Es braucht auch nicht eine Intensivierung in bestehende R&D-Streams oder Investments in interne Entwicklungsprojekte. Eine Corporate braucht vielmehr die Fähigkeit, konsistent und glaubhaft höhere Risiken bei Aktivitäten einzugehen, um neue Potenziale auch außerhalb des bestehenden Rahmens zu erschließen. Ohne dabei gleich die gesamte Unternehmung zu gefährden. Das Management und auch die Mitarbeiter müssen lernen, mit Unsicherheiten zu arbeiten. Sie müssen trainiert werden, agiler zu denken und zu arbeiten. Und letztlich brauchen sie auch den Mut bzw. die Freiheit, so agieren zu können.

#37

KEINE DIGITALSTRATEGIE

Ich bin ein großer Freund strategischen Denkens. Einerseits denken Entrepreneure in Visionen und Endzielen. Andererseits geht der aktive Planungshorizont dabei selten über 90 Tage hinaus. Gerade die Corona-Krise hat gezeigt, wie schnell strategische Planungen obsolet werden können und sich ein Fahren auf Sicht zum neuen Modus Operandi in Startups und Corporates etabliert.

Trotz des Fahrens auf Sicht findet in vielen Corporates nach wie vor klassische Strategiearbeit zur mittel- und langfristigen Weichenstellung und Ausrichtung statt. Startups waren schon immer eher auf kurzfristige Manöver eingestellt. Meist haben Startups eine strategische Story, die sie gut erzählen können, um zu vermitteln, wo sie einmal hinkommen wollen.

Gerade in den letzten Jahren haben sich Corporates viel mit Digitalstrategien auseinandergesetzt und das Thema Digitale Transformation hat viele Runden auf den Fluren und Managementetagen von Unternehmen gedreht. Doch bei dem starken Fokus auf „digital" wird oft übersehen, dass der wichtigere Aspekt die eigentliche Transformation ist. Das Gelingen dieser Transformation muss im Kernfokus der strategischen Überlegungen stehen und weniger die bloße Anwendung digitaler Technologien.

Bei E-Commerce zum Beispiel geht es nicht um das Internet, sondern um einen Weg, anders zu verkaufen. Bei Künstlicher Intelligenz geht es nicht um maschinelles Lernen, sondern es geht darum, den Kunden mithilfe von Daten besser zu verstehen. Der wirkliche Mehrwert der Technologie entsteht dadurch, dass das Business mit ihrer Hilfe anders betrieben werden kann.

Demnach braucht das Unternehmen keine Digitalstrategie, sondern schlicht eine gute Strategie, die digital unterstützt werden kann. Nicht auf der Technologie sollte das Hauptaugenmerk liegen, sondern auf der notwendigen Kompetenztransformation.

#38

STRATEGISCHE PRIORISIERUNG DER AKTIVITÄTEN

Corporates empfehle ich, initial und im Zusammenspiel mit den gesamtstrategischen Überlegungen eine grobe Priorisierung vorzunehmen. Dies soll und muss bestenfalls vor Beginn der verschiedenen Startups- und Innovationsaktivitäten stattfinden. Wenn das Unternehmen schon mit einigen Initiativen gestartet ist, sollte es sich um so mehr jetzt Zeit dafür nehmen.

Hier empfiehlt sich der aus der Beratung kommende Ansatz der 70:20:10-Priorisierung (siehe Abbildung). Der ist zwar eher als Daumenregel zu verstehen, und nicht als genaue Anleitung, doch bei vielen Corporates, mit denen ich ihn diskutiert habe, konnte der Ansatz sofort Raum für Diskussion und pragmatisches Handeln eröffnen.

Im Kern geht es darum, alle Aktivitäten, Ressourcen und Fokussierungen entlang von drei Stufen (oder auch Horizonten) auszurichten bzw. einzuordnen.

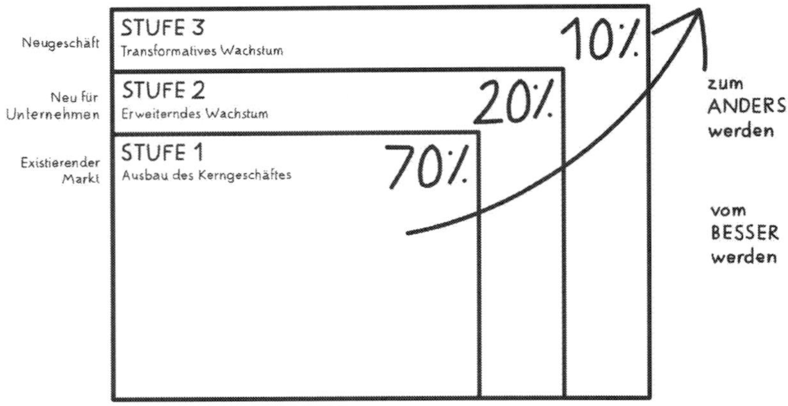

In der ersten Stufe geht es um das Kerngeschäft der Corporate, mit dem sie heute ihr Geld verdient und hoffentlich am Markt erfolgreich ist. Hier sollten 70 Prozent aller Ressourcen allokiert sein und damit die Hauptaufmerksamkeit liegen. Der Schwerpunkt dieser Aktivitäten und Initiativen ist es, das Kerngeschäft möglichst kontinuierlich besser zu machen. Dabei geht es neben der klassischen Performance-Steigerung auch um die Absicherung des Kerngeschäfts. Hier lässt sich in der Regel am schnellsten ein vorzeigbarer und erhoffter positiver Einfluss auf den ROI aufzeigen.

Die zweite Stufe beschreibt den Bereich des erweiterten Wachstums (oft auch als New Business Development etc. beschrieben). Hierbei geht es um Themen, Lösungen oder Kundensegmente, die heute nur zum Teil oder noch gar nicht bedient werden. Dieser Bereich sollte 20 Prozent aller Ressourcen bekommen. Die Grenzen zwischen Stufe eins und zwei sind fließend. Wenn ein Pumpenhersteller nicht mehr nur Pumpen verkauft, sondern neuerdings digitale Schulungen anbietet, mit denen er seine Ingenieurs-Expertise in andere Länder oder andere Industriezweige bringt, dann ist das neu für die Corporate. Denn dazu braucht sie schließlich ganz andere Kompetenzen und Produkte als im Kerngeschäft. Mit der Stufe zwei soll das bestehende Geschäft sinnvoll erweitert und einen Teil der Organisation in erste Transformation und Veränderungsaktivitäten überführt werden.

Die Stufe drei ist absolutes Neuland für das Unternehmen. Das ist ambitioniert, aber mit 10 Prozent der Ressourcen sollte es auf die Agenda einer Corporate. Hier geht es meist um Investitionen, die mittelfristig oder langfristig zum Tragen kommen. Das ist damit der Bereich, in dem sich zum Beispiel das Investment in Startups oder Grownups lohnen kann. Denn es eröffnet die Chance, sich einen zeitlichen Vorsprung zu „erkaufen", da der Aufbau eigener Kompetenzen zu lange dauern würde.

Grundsätzlich kann mit dieser Priorisierung der Aktivitäten der Weg in die Zukunft beschritten werden, sodass sich in zehn Jahren aus den 10 Prozent Aktivitäten von heute das Kerngeschäft von morgen entwickeln kann. Leider ist solch eine Priorisierung in den seltenstens Fällen in der Praxis vorhanden. Oft ist das Verhältnis eher 95:5:0 oder schlimmer noch 100:0:0. Nichtsdestotrotz habe ich bis jetzt nie erlebt, dass jemand den Ansatz nicht als sinnvoll und hilfreich erachtet hat.

Die Anwendung der Logik des 70:20:10-Ansatzes ist keine einmalige Übung. Im Gegensatz zu früheren Strategieplanungen, die für fünf Jahre erstellt wurden und dann im Schrank verschwanden, handelt es sich hierbei um eine Grundhaltung. Und um ein essenzielles strategisches Instrument für alle Bereiche einer Corporate. Mit dessen Hilfe kann die notwendige Transformation transparent und pragmatisch gestaltet werden.

Zudem lädt diese Vorgehensweise alle ein, aktiv zu werden, indem zum Beispiel die eigene Arbeitszeit auch in dieser Weise gemessen und priorisiert wird. Im besten Fall sollte sich zum Beispiel die Entscheider- und Geschäftsführerebene pro Arbeitswoche 1,5 Tage den Aktivitäten und Initiativen innerhalb der Stufen 2 und 3 widmen.

2005 hat Eric Schmidt bei Google diese Logik für das Management eingeführt. 70 Prozent der Managementzeit wurde auf das Kerngeschäft mit Suchmaschine und Werbung verwendet, 20 Prozent auf angrenzendes Geschäft wie zum Beispiel Google Earth und 10 Prozent in gänzlich neue Themen. Diese Metrik hat dem Management geholfen, Innovationen richtig zu priorisieren, während der Fokus weiter auf den existierenden Operations lag.

Allerdings ist es nicht ratsam, die gesamte Organisation in eine Art Transformationspanik zu versetzen. Denn 70 Prozent der Mitarbeiter in der Kernorganisation machen weiterhin das, was sie am besten können. Sie können Performance-getrieben denken und arbeiten. Es ist nicht schlimm, wenn sie von den neuen Themen erst einmal nichts wissen wollen. Die Mitarbeiter rund um den Kern sollen diesen möglichst lange verteidigen. Denn hier wird noch für eine Weile (hoffentlich) das Geld verdient werden.

Doch die anderen 30 Prozent der Ressourcen und damit der Aufmerksamkeit sollten in angrenzende Themen gehen. Denn wie nachfolgende Abbildung zeigt, kann dieser kleine Teil die Zukunft des Unternehmens bestimmen.

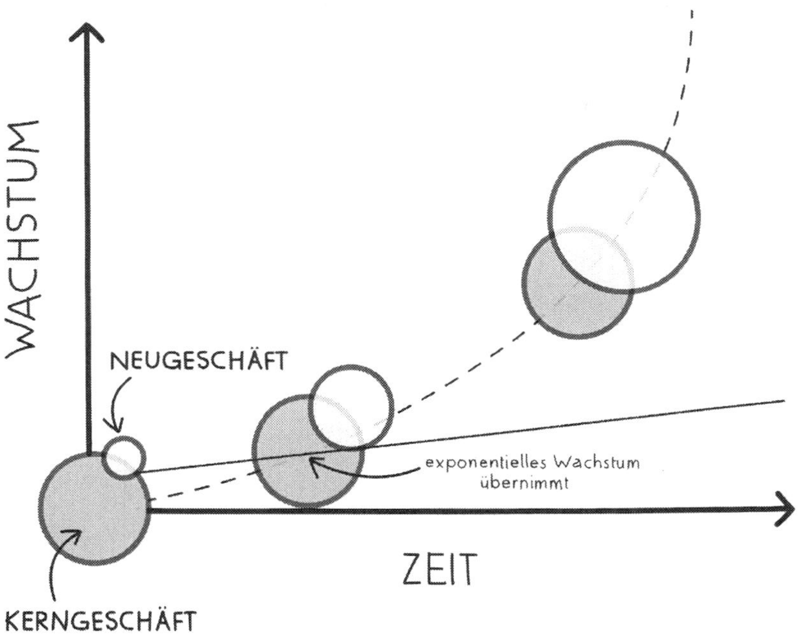

Mit Blick auf die Zusammenarbeit mit Startups kann die Priorisierung entlang der drei Stufen wie folgt aussehen:

Stufe 1: Hier werden bestehende Lösungen von Tech-Unternehmen, die eher bereits in die Kategorie Grownups gehören, eingesetzt, um die Performance des Bestandsgeschäfts zu steigern, zum Beispiel eine KI-gestützte Prozessmanagement-Software. Hier setzt man auf lauffähige, skalierbare Lösungen im Rahmen einer klassischen Kunden-Lieferanten-Beziehung.

Stufe 2: Hier eignen sich Partnerschaften mit Startups, bei denen beide Seiten einen Vorteil aus einer Zusammenarbeit haben und jeder für sich allein die Lösung im Segment so nicht anbieten könnte. Beide einigen sich auf ein Pilotprojekt, bei dem zum Beispiel das Startup seine Software für einen neuen Produktbereich des Unternehmens austesten kann. Beide Seiten profitieren aus der Lernerfahrung. Im besten Fall entsteht daraus ein neues Produkt mit einem klaren Zusatznutzen.

Stufe 3: Hier könnte ein Investment entweder direkt in Startups oder indirekt über Investmentfonds ratsam sein. Auch externe Einheiten, die alleine oder zusammen mit Partnern aufgesetzt werden, sind ein bewährtes Mittel. Die Aktivitäten in dieser Stufe bedeuten grundsätzliche Veränderungen und können und sollten somit nicht direkt im Unternehmen selbst stattfinden.

Über allen Aktivitäten auf Stufe 2 und 3 sollte immer das Gesamtziel bzw. die Fragestellung stehen: Wie kann die Corporate mit diesen Aktivitäten ein relevantes digitales Know-how aufbauen? Das kann nicht allein mit der Bestandsstruktur aufgebaut werden. Hier muss jedes Unternehmen ein gewisses Maß an Ehrlichkeit zu sich selbst aufbringen und Fragen stellen wie: Was passt zum Unternehmen? Wie weit bin ich bereit, zu gehen – mit allen Konsequenzen? Welche Metriken stehen am Ende für den Erfolg der Aktivitäten in der jeweiligen Stufe?

Bei der Anwendung dieser Logik ist mir immer wichtig, dass die Unternehmen Folgendes verstehen und sich als Bild vor Augen halten: Als Analogie kann man sich eine Burg an einem Fluss vorstellen, die groß und stattlich ist. Sie muss möglichst lange instand gehalten werden (Stufe 1). Es bleibt dem Burgherrn aber nichts anderes übrig, als sich auch auf der direkt gegenüberliegenden Seite mehrere kleine Burgen zu bauen (Stufe 2). Und wenn möglich, baut er noch die ein oder andere etwas weiter weg vom Fluss (Stufe 3). Damit stellt er sicher, dass die gegenüberliegenden Burgen auch direkt oder indirekt seiner bestehenden Burg helfen können. Wenn die Hauptburg untergeht, hat er genügend Ausweichmöglichkeiten, um sich ein neues Imperium aufzubauen.

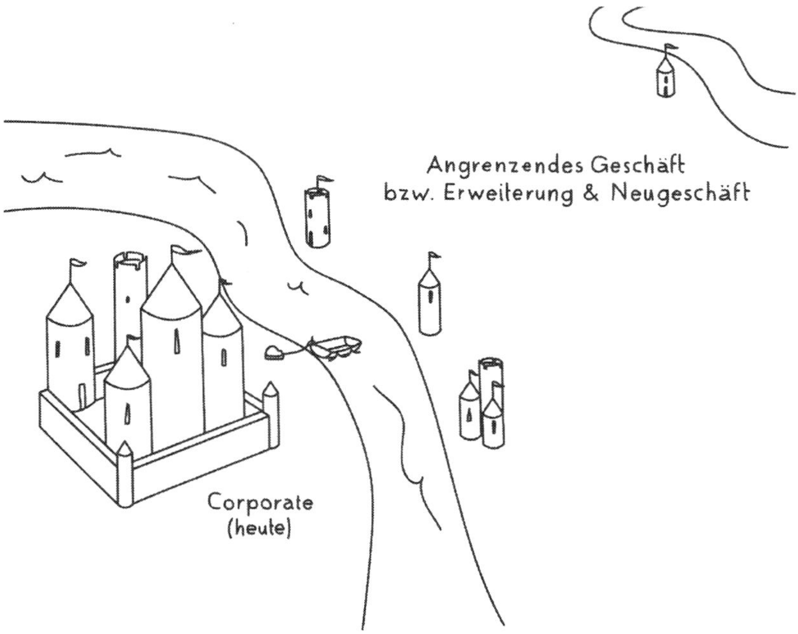

#39

CATEGORY CREATION ALS KÖNIGSDISZIPLIN

„Different is better than better."
– Sally Hogshead

Wie schon weiter vorn kurz angerissen (siehe #19), bin ich ein großer Fan des Ansatzes der Category Creation. Das Schaffen und Kreieren einer spezifischen Markt-Kategorie (Category) in der Nische ist eine der größten Herausforderungen, die jeder Unternehmer und jeder Entrepreneur nachvollziehen kann. Dabei muss ein Entrepreneur nicht immer der Erste sein, gerade wenn es den Vorgängern nicht gelingt, die Category zu definieren. Zum Beispiel hat Apple nicht das Smartphone erfunden, Facebook nicht das erste soziale Netzwerk und Amazon nicht den ersten Online-Marktplatz. Trotzdem haben es diese Unternehmen geschafft, die Category für sich zu definieren, indem sie der Welt eine ganz neue Art des Denkens verschafft haben und den existierenden Blickwinkel durch eine gänzlich neue Vision als auch Experience verändert haben.

Wenn dieses Grundprinzip verstanden ist, wird auch deutlich, dass man nach fremden Regeln spielt, wenn man in einen bestehenden Markt eintritt. Es wäre besser, gewissermaßen den Spieß umzudrehen und den Markt so zu konditionieren, dass der Markt bzw. die Nutzer über ein Problem und dessen Lösung auf eine ganz spezielle Art und Weise lernen, nachzudenken. Nämlich auf die eigene. Denn: „Conditioning the market is the opposite of going to market" (Christopher Lochhead).

Auch klassische Branding-Bemühungen erscheinen mit dem Wissen um das Category Design oft sinnlos. Category Creation schafft Nachfrage und erkämpft sie nicht auf teure Weise wie das Branding.

Daher sollte Category Design ein essenzieller Bestandteil aller New-Business-Development-Aktivitäten sein. Also für alle Aktivitäten und Initiativen in den genannten 30 Prozent gelten (siehe #38). Corporates, die sich häufig noch in lukrativen Nischen befinden, sollten damit ihre Ur-Fähigkeiten wieder entdecken und beleben. Startups sei geraten, sich intensiv mit der Fähigkeit vertraut zu machen. Gerade bei Investments erlebe ich vermehrt, dass neben den klassischen Fragen auch Fragen zum Category-King-Potential auftauchen. In dem Zusammenhang passt das Bestreben, zehnmal besser zu sein als die bestehende Lösung. Damit ist ein so großer Sprung gemeint, dass hier von einem „different" ausgegangen werden kann. Peter Thiel spricht in seinem Buch auch von einem Sprung von 0 auf 1.

Ein wichtiger Schritt für das Finden von neuen Nischen und potenziellen neuen Categories ist es, die aktuelle Landschaft und das Gefüge einer speziellen Industrie durch verschiedene Blickwinkel zu betrachten. Die fremden Sichtweisen führen schnell zu neuen Impulsen und Problemen, die der Ausgangspunkt für die Überlegungen zum Category Design sein können. Hier kann sowohl der Startup-Blick in der Corporate-Umgebung wertvoll sein als auch anders herum. Für beide Seiten gilt nämlich gleichermaßen: „The riches are in the niches."

Ein Beispiel aus meinem Netzwerk kommt von einem Gartengeräthehersteller. Dieser war aktiv auf der Suche nach einer neuen Kategorie, mit der er sein Portfolio sinnvoll erweitern kann, ohne mit klassischen Wettbewerbs- und Produktthemen zu starten. Nach intensiver Arbeit und tiefer Analyse mit der Fragestellung rund um das Thema Rasen stellte man fest, dass es eine große Anzahl von Nutzern gibt, die die Rasenpflege als eine Art Kunst und Wissenschaft betreiben. Diesen Nutzern ist es sehr wichtig, dass das Ergebnis hervorragend aussieht und jeden Nachbarn neidisch werden lässt. Als Ergebnis stand am Ende die neue Kategorie „Rasen-Kosmetik", die es so noch nicht gab und in der es zukünftig spezielle Präparate und Produkte geben wird, die kosmetische Funktionen haben und zu entsprechender „Schönheit" des Rasens führen. Ich brauche nicht zu erwähnen, das dies eine überaus lukrative Nische ist, da es jetzt nicht mehr um den Sack Rasendünger geht, sondern um ein paar kleine aber feine Essenzen.

#40

FORMATE DER ZUSAMMENARBEIT

Es gibt eine beeindruckende Vielzahl an Aktivitäten und Formaten für die Zusammenarbeit zwischen Business-Organisationen im Allgemeinen, aber auch speziell für die Zusammenarbeit zwischen Corporate und Startup.

Grundsätzlich besteht die Kunst darin, neue Dinge zu erschaffen beziehungsweise zu initiieren – in dem Fall durch das Zusammenbringen unterschiedlicher Mindsets sowie technologischer Lösungen (Startups) mit relevanten Problemen (Corporates). Letztlich geht es immer darum, das richtige Puzzleteil zu einem bereits existierenden zu finden (siehe Abbildung).

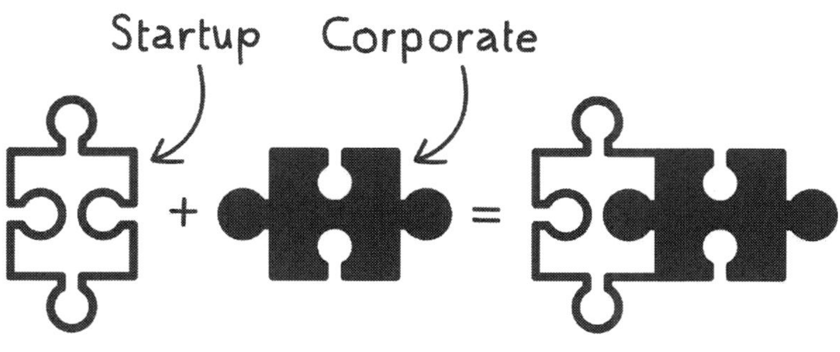

Geht man davon aus, dass ein Puzzleteil eine Corporate ist und das andere ein Startup, ergeben sich verschiedene Formate der Zusammenarbeit. Diese lassen sich unterscheiden in dem Grad der Intensität der Zusammenarbeit und der Laufzeit der Zusammenarbeit (siehe Abbildung).

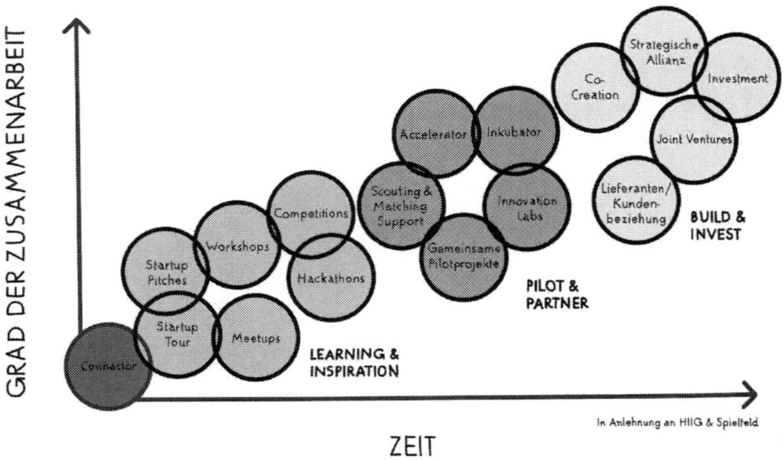

Wichtig ist aus meiner Sicht, die drei wesentlichen Kategorien Learning & Inspiration, Pilot & Partner und Build & Invest zu unterscheiden. Daraus ergibt sich dann eine Vielzahl an Aktivitäten, die in Summe eine breite Klaviatur an Möglichkeiten schafft. Einige davon sind in der Abbildung veranschaulicht. Jede Corporate sollte sich früh dieser Vielzahl bewusst sein und bestenfalls unten links anfangen und sich dann Schritt für Schritt nach oben rechts durcharbeiten – allerdings ohne dabei zu viel Innovations-Theater zu betreiben.

Die Kategorie Learning & Inspiration schafft Verständnis, öffnet die Köpfe und bringt erste kleine Ergebnisse zutage. Die Phase Pilot & Partner ist eine intensivere Zusammenarbeit und setzt ein größeres Commitment voraus als die erste Kategorie. In dieser Kategorie werden aber auch ungleich größere vorzeigbare Ergebnisse produziert. Diese Vorzeigeprojekte oder Leuchttürme braucht es, um letztlich innerhalb der

Organisation auch die Bereitschaft zu erwirken, weitere Commitments einzugehen und größere Investments zu tätigen.

Angelehnt an die schon weiter vorn beschriebene 70:20:10-Priorisierung könnte eine Ausgestaltungsoption wie folgt aussehen: Zum einen dienen die Aktivitäten bei Learning & Inspiration dazu, die Kernorganisation zu inspirieren und mitzunehmen. Zum anderen können sowohl über Pilot & Partner als auch über Build & Invest neue spannende Wachstumsbereiche erschlossen werden.

Die Erfahrung hat gezeigt, dass sich die Partnerschaft mit Startups teilweise anfühlt wie ein Gummiband. Zum Anfang geht es etwas schwerer, das kann auch wie ein Hin und Her wirken. Letzten Endes geht es dann aber doch unter Umständen sehr schnell. Dabei kann geradezu ein Katapult-Effekt entstehen.

Viele Startups sind das Hin und Her gewohnt und tendieren dazu, die Zusammenarbeit möglichst einfach zu halten, um handlungsfähig und schnell zu sein. Deshalb plädieren selbst die erfahrenen Startups dafür, dass Corporates ihre Aktivitäten klein beginnen und sich dann langsam steigern und den Umfang ausbauen sollten.

#41

EXTERNE UNTERSTÜTZUNG – JA, ABER ...

Wie schon angedeutet, sind es nach wie vor die externen Digitalberatungsunternehmen und Innovationsagenturen, die bei Corporates die meiste Innovationsunterstützung vollbringen. Sicher ist es für Corporates ratsam, externe Unterstützung hinzuzuholen. Denn die meisten Corporates haben es nicht (mehr) in ihrer DNA, innovativ zu sein. Sie sind prozessorientierte Organisationen, die funktionieren müssen. Der Fokus liegt dabei maximal auf inkrementellen Innovationen (siehe #18). Deshalb holen sich die meisten externe Berater zur Unterstützung ins Haus. Das Problem: Man lagert die Verantwortlichkeit erst einmal aus. Die meisten verstehen nicht, was sie da extern einkaufen. Durch das Hinzuziehen eines externen Beraters wird intern jedoch nichts grundsätzlich einfacher oder schneller.

Berater wollen ihre Leistungen verkaufen und versprechen vieles. Dabei werden nicht selten Standardlösungen verkauft. Es gibt aber keine „Silver Bullet Solution"! Wenn etwas auch nur annähernd nach 08/15-Methode klingt, müssen sofort die Alarmglocken schrillen. Denn jedes Unternehmen ist anders und muss daher eine individuelle Lösung für sich finden.

Folgende Fragen sollten Corporates vor dem Beginn der Zusammenarbeit an externe Unterstützer oder Berater richten:

1) Wie wissen wir, dass das, was ihr verkauft, unseren Needs entspricht?
2) Was qualifiziert euch, uns zu erklären, wie wir innovativer werden? Wer genau wird mit uns arbeiten?
3) Wie messt ihr Erfolg im Hinblick auf Innovation?
4) Gibt es Case Studies, die nachweisen, dass es schon nachweislich funktioniert hat?
5) Wie geht ihr mit unseren internen Innovationsbarrieren um? Wie seid ihr in der Vergangenheit mit ähnlichen Fällen umgegangen?
6) Wie kommen wir von der Idee zur Realität? Wie habt ihr das in der Vergangenheit geschafft?
7) Wie lange wird die Zusammenarbeit bestehen?
8) Was sind die bestehenden Partner oder Netzwerke?
9) Welches Unternehmen hat euch mehr als einmal beauftragt (Wiederholungskauf ist das beste Zeichen für Qualität)?

Sind die Fragen geklärt und zur Zufriedenheit beantwortet, spricht nichts dagegen, auch mit externen Unterstützern zusammenzuarbeiten. Zu Anfang ergibt es sicher Sinn, erste Erfahrungen innerhalb der Organisation zu sammeln, Grundlagen zu legen und sich dabei extern helfen zu lassen. Spätestens dann sollte die Abwicklung und auch der damit einhergehende Kompetenzaufbau eigenständig erfolgen. Einfacher, kostengünstiger und auch mittel- bis langfristig erfolgversprechender ist und bleibt hingegen die Zusammenarbeit mit Startups.

#42

AUFBAU EINES ZUKUNFTSBEIRATS

Um erfolgreich zu sein, müssen Corporates die eigenen Handlungsweisen kontinuierlich hinterfragen und proaktiv verändern. Doch es ist gar nicht so einfach, neben dem Tagesgeschäft noch eingefahrene Prozesse und Strukturen zu hinterfragen oder gar grundsätzlich zu verändern.

Das trifft insbesondere dann zu, wenn das Corporate momentan sehr erfolgreich am Markt agiert und mit Blick auf relevante Umsatz- und Ertragszahlen ein gutes Geschäft vorzuweisen hat. Gleichzeitig ist fast allen Entscheidern in Unternehmen heute klar, dass durch die Digitalisierung große Änderungen bevorstehen, die man nicht ignorieren sollte.

Unterstützung von außen kann helfen, gerade in Mittelstandsunternehmen. Eine weitere Möglichkeit neben dem Einkauf externer Beratungsleistungen ist der Aufbau eines Zukunftsbeirats. Ich nutze diesen Begriff, da es darum geht, auf strategischer Ebene aktive, fortlaufende Unterstützung zu geben, mit dem Ziel der langfristigen Zukunftssicherung des Unternehmens. Digital ist dabei ein wichtiger Bestandteil, sollte aber nicht ausschließlich im Fokus stehen.

Es gibt bereits einige Corporates aus dem deutschen Mittelstand, die einen solchen Zukunftsbeirat installiert haben und damit gute Erfahrungen sammeln. Auch eine MIT-Studie hat den Nutzen eines Beirats nachgewiesen. Auf Basis einer

Analyse von mehr als 1.200 Unternehmen in den USA konnte gezeigt werden, dass Unternehmen mit mindestens drei digital geprägten Experten im Beirat eine um 17 Prozent höhere Umsatzrendite, ein um 38 Prozent höheres Wachstum und einen um 34 Prozent höheren Unternehmenswert erzielen als Corporates mit keinem oder nur einem Digital-Experten im Board.

Wie also kann ein solcher Zukunftsbeirat aufgebaut werden? Der Beirat sollte insgesamt zwischen vier und zehn Mitglieder haben. Das ideale Setup ist meiner Meinung nach gegeben, wenn das Top-Management und gegebenenfalls die Gesellschafter durch einen Tech-Experten, einen Venture Capitalist sowie einen Multiplikator unterstützt werden.

Der Tech-Experte sichert mit seiner Erfahrung die Zugänge und Insights zu relevanten Technologiebereichen, wie zum Beispiel zu State-of-the-Art-Plattformen oder Künstlicher Intelligenz. Der Venture Capitalist kennt die vorherrschenden Geschäftsmodelle und vor allem deren Entwicklungen am Markt. Dadurch sorgt er für einen strategischen Weitblick auf bestimmte Entwicklungen und Trends am Markt. Zudem kann er aktuelle Ereignisse am Markt einschätzen, gerade im Zusammenhang mit Beteiligungen und Übernahmen. Der Multiplikator stellt indes einen permanenten Zugang zu digitalen Ecosystemen und Netzwerken sicher. Er bringt relevantes Startup-Methoden-Know-how sowie ein Entrepreneurial Mindset ein. In einigen Bereichen ist es auch ratsam, sich den ein oder anderen Wissenschaftler hinzuzuziehen, um neueste wissenschaftliche Erkenntnisse zu kennen und zu berücksichtigen.

Diese einschlägige Expertise ist sicher nicht einfach zu bekommen. Unternehmen müssen im Hinterkopf behalten, dass solche Leute schwer zu finden sind, und sich dann die Frage stellen, wie man sie von einer Zusammenarbeit überzeugen kann. Natürlich spielt hier die finanzielle Aufwandsentschädigung eine nicht unwesentliche Rolle. Aber Geld ist nicht alles. Ich sehe es als essenziell an, dass die Unternehmen den Beiratsmitgliedern

1) ernsthaft aufzeigen können, dass sie etwas bewegen und verändern wollen und dass es keine Alibi-Veranstaltung ist;
2) auch Möglichkeiten aufzeigen, selbst etwas zu lernen oder Insights zu bekommen, etwa in für sie interessante Industriebereiche, Marktabläufe oder Netzwerke;
3) vom Mindset her offen sind für neues, womöglich sogar radikales Denken und Handeln.

Ein Beirat tritt bis zu vier Mal im Jahr zu fest terminierten Beiratssitzungen zusammen. Diese Sitzungen können bis zu einem ganzen Tag dauern und jeweils an unterschiedlichen Orten stattfinden. Sie leben von einer lebendigen, inhaltlichen Diskussion, die gut vorbereitet sein muss. Teil dieser Vorbereitung sollte ein Austausch zu den letzten Ergebnissen (etwa der vorherigen Beiratsrunde) sowie ein Update zu den neuesten geschäftlichen Entwicklungen in Form eines kurzen Reportings sein. Außerdem wird ein Diskussionsentwurf für die inhaltliche Durchsprache erarbeitet und vorab mit allen geteilt. Die Beiratssitzung selbst muss aus meiner Sicht immer den Fokus auf die inhaltliche Weiterentwicklung des Unternehmen legen. Es soll keine Kontrolle ausgeübt werden.

Insgesamt sollten pro Sitzung nicht mehr als zwei Themen besprochen werden. Die Ergebnisse beziehungsweise der aktuelle Stand der Diskussion sollte dabei möglichst live dokumentiert werden. Anschließend werden die Ergebnisse in den relevanten Gruppen geteilt und konkrete Handlungsschritte zur weiteren Verarbeitung der Ergebnisse festgelegt. Wenn gewollt, ist auch das Aufsetzen einer klaren Kommunikations-Kampagne und Story nach innen oder außen möglich.

Neben den festen Beiratssitzungen können auch zusätzliche Arbeits-Sessions vereinbart werden. Das eine oder andere Beiratsmitglied kann auch in interne Veranstaltungen des Unternehmens einbezogen werden, zum Beispiel als Impulsgeber. Auch zwischendurch kann Gelegenheit für Abstimmungen und Austausch zwischen Parteien auf bilateraler Ebene geschaffen werden.

Zusammengefasst ist der Zukunftsbeirat als Impuls- und Umsetzungsratgeber mit Blick auf relevante Zukunftsfragen für das Unternehmen tätig. Neben den einschlägigen Kompetenzen und Zugängen in neue Netzwerke schätze ich persönlich die loyale langfristige Partnerschaft auf Augenhöhe. Die Rolle des Lotsen schafft konstruktive und pragmatische Impulse und hilft dabei, blinde Flecken zu finden und allgemeine Trägheit aufzubrechen. Die Beirats-Experten machen Wissen schnell und unkompliziert verfügbar, das bei der langfristigen Transformation des Unternehmens hilft.

Macht ein Zukunftsbeirat für mein Unternehmen Sinn? Wie finde ich die passenden Leute dafür? Wie kann man starten? Antworten auf diese Fragen habe ich unter www.zukunftsbeirat.de zusammengestellt.

#43

DIE MACHT DER HYPOTHESEN

„Die beste Definition des Unbekannten ist die Hypothese.“
– Manfred Tropper

Zwischen Wissenschaft und Gründung gibt es aus meiner Sicht viele Parallelen. Die auffälligste ist die des von Hypothesen getriebenen Vorgehens. Auch die Wissenschaft beschäftigt sich mit neuen Phänomenen und versucht Antworten auf zum Teil neue und schwierige Fragen zu finden. Jede Forschung beginnt mit einer initialen Forschungsfrage. Anschließend werden über verschiedenste Ansätze (induktiv oder deduktiv) Hypothesen, sprich Annahmen, abgeleitet, die dann im weiteren Forschungsverlauf untersucht werden.

Das gilt auch für Startups. Sie beschäftigen sich ebenfalls fortlaufend mit verschiedenen Annahmen, aus denen sie Hypothesen formulieren, die dann in der Praxis untersucht werden. Das gilt für alle Phasen, die ein Startup durchläuft. Eine Hypothese wäre hier zum Beispiel: Das Problem X existiert bei einer spezifischen Endnutzergruppe und lässt sich mit Lösungsansatz Y lösen.

Sobald diese Hypothese klar ist, sucht man nach effizienten Wegen und Kanälen – online und offline – um die Hypothese zu bestätigen oder zu verwerfen. Auch wenn die Hypothese nicht bestätigt wird, ist das kein Drama, sondern ein Erfolg, weil dadurch Erkenntnis gewonnen wurde.

Davon können Corporates lernen. Ich habe nur sehr selten erlebt, dass eine Corporate sich bewusst ist, welche Hypothesen hinter gestarteten Initiativen oder Innovationsvorhaben stehen. Zum Beispiel müsste einer Investmentaktivität wie dem Aufbau einer CVC die Formulierung einer Investment-Hypothese vorausgehen. Und jede Lab-Initiative sollte Hypothesen aufstellen und über verschiedene Stufen überprüfen, um sie entweder zu bestätigen oder zu verwerfen. Logischerweise gilt das für alle anderen Produkt- oder Geschäftsmodell-Innovationsvorhaben unisono.

Dabei muss schnell und iterativ vorgegangen werden. Es hilft nicht, sich innerhalb einer digitalen Roadmap als Fünf-Jahres-Ziel einen Neugeschäftszuwachs von 100 Millionen Euro zu setzen. Das hätte nichts mit dem hypothesengetriebenen Vorgehen von Startups zu tun.

Corporates müssen lernen, Hypothesen so zu formulieren, dass sie schnell überprüft werden können und damit eine Entscheidungsgrundlage für den nächsten Schritt schaffen – ähnlich wie beim Skateboard-Bild weiter vorn. Auch das Skateboard ist eine Hypothese, die schnell am und mit dem Endnutzer überprüft wird.

Die wichtigsten Hypothesen innerhalb der Startup-Welt sind im Lean-Startup-Ansatz definiert:

1) die Nutzenhypothese, also der Nutzen, den das Produkt dem Endnutzer bietet;
2) die Wachstumshypothese, die danach fragt, ob ein ausreichender Gesamtmarkt verfügbar ist. Dabei spielt neben dem ursprünglich adressierten Eintrittsmarkt

auch das Potenzial in Zweit- und Drittmärkten eine zentrale Rolle.

Letztes Jahr habe ich ein Projekt bei einem Industrierohstoffhersteller begleiten dürfen, bei dem es um die Hypothese ging, ob Startups, die mit dem speziellen Rohstoff, den das Corporate herstellt, arbeiten, um zum Beispiel daraus eigene Produkte zu bauen, an Kooperationen mit diesem Mittelständler interessiert wären. Hierzu wurden alle Nutzenaspekte aufgelistet, die der Rohstoffhersteller in eine mögliche Kooperation einbringen würde, sowie alle Vorteile, die ein Startup davon haben könnte. Diese ausformulierte Hypothese wurde in Form einer Website über verschiedene Wege und Kanäle überprüft. Neben einer LinkedIn-Kampagne führte man auch direkte Gespräche. So konnten einige Hypothesen schnell verworfen und andere bestätigt werden.

Wichtig ist, dass zur Überprüfung der Hypothese immer Fakten und Daten herangezogen und keine Bauchentscheidungen oder andere vage Erfahrungswerte zugelassen werden. Lässt sich die Hypothese nicht aus einer Datenquelle vollends bestätigen oder verwerfen, gilt hier der Ansatz der Triangulation. Das bedeutet, dass verschiedene Datenquellen und Aussagen genutzt und zu einer Gesamtaussage zusammengeführt werden. Die Wissenschaft geht dabei überaus penibel vor – und das sollten Corporates auch tun. Bei Innovationsinitiativen sollten Entscheider somit mehr wie Wissenschaftler agieren.

Auch Startups sollten das hypothesengetriebene Vorgehen, wenn sie es nicht schon verinnerlicht haben, ernsthaft und konsequent praktizieren. Studien haben gezeigt, dass Startups die „wissenschaftlich“ vorgehen, insgesamt erfolgreicher sind als vergleichbare Teams ohne den systematisch wissenschaftlichen Ansatz. Diese Startups (Evidence-based Startups) haben deutlich häufiger einen Pivot vollzogen, Probleme vermieden und letztlich höhere Umsätze erzielt als die Vergleichsgruppe.

Ich empfehle Corporates ebenso wie Startups, mit diesem Vorgehen das Observieren und „Graben“ solange zu praktizieren, bis sie genau wissen, wie ihre Idee ein konkretes Problem und damit unter Umständen die Welt verändern kann.

#44

EXPERIMENTIERFREUDIGE KULTUR

Wenn es um Kultur im digitalen Umfeld geht, schaue ich immer darauf, wie es mit dem Umgang mit Experimenten, also dem Ausprobieren von unbekannten Dingen, bestellt ist. Vorreiter sind hier auch wieder die großen Digital-Unternehmen. Booking oder Amazon lassen jeden Tag mehrere Hundert, wenn nicht Tausend Experimente gleichzeitig ablaufen. Zu einer bestimmten Zeit befinden sich verschiedenste Landing Pages oder neu erdachte Funktionen als neuer Knopf auf den Webseiten. Konkret kann das bedeuten, dass zwei Nutzer zeitgleich unterschiedliche Seiten angezeigt bekommen. Das alles sind Live-Experimente, die diese Unternehmen als Vorreiter intensiv praktizieren und damit zu Marktführern geworden sind.

Corporates erkennen in diesem Ansatz einen Game Changer für Marketing und Innovation. Einige von ihnen nutzen bereits Online-Tests für die Identifikation der besten digitalen Touchpoints, Preispunkte oder Produkterweiterungen.

Aus meiner Sicht ist es unvermeidbar, dass Unternehmen, die nicht auf einen größer angelegten Experimente-Ansatz setzen, auf kurz oder lang verlieren werden. Doch warum tun sich die Unternehmen damit so schwer? Der zentrale Grund ist ihre Kultur.

Kultur beschreibt, wie Dinge getan werden, ohne dass Menschen darüber nachdenken müssen. Vereinfacht ist Kultur das, was passiert, wenn der Chef den Raum verlässt. Eine Unternehmenskultur existiert nicht unabhängig vom Unternehmen. Kein Unternehmen hat eine Kultur, jedes Unternehmen ist eine Kultur. In Startups ist die Kultur der Kitt, der alles zusammenhält.

In der Kultur geht es immer darum, wie der „way of working" ausgestaltet ist. Die besten Startups erinnern ein wenig an eine fanatische Glaubensgemeinschaft. Sie glauben gemeinsam an eine Sache, die der Rest der Welt noch nicht erkannt hat. Das bekannteste Beispiel ist sicher die „PayPal Mafia", bestehend aus frühen Mitarbeitern (unter anderem Elon Musk) des Online-Bezahldienstes, die für viele weitere erfolgreiche Gründungen verantwortlich sind.

Was geht also schief, wenn Corporates zum Beispiel Online-Experimente durchführen wollen? Die Hürde besteht nicht in fehlenden Tools oder Technologien, denn die sind vorhanden. Das größere Problem sind falsche Einstellungen und Denkweisen. Ein misslungenes Experiment führt in einer klassischen Unternehmenskultur schnell zur Stigmatisierung und will immer möglichst schnell unter den Teppich gekehrt werden.

Doch um erfolgreich zu innovieren, müssen Unternehmen Experimente zu einem integralen Bestandteil ihrer täglichen Arbeit und damit ihrer Kultur werden lassen. Wie das gehen kann, habe ich vielfach in meiner Arbeit sowohl in Startups als auch in Corporates erleben dürfen. Dabei ist klar geworden, dass es deutlich einfacher ist, das Geschäftsmodell zu ändern als die Unternehmenskultur. Das gilt für Corporates und Startups gleichermaßen.

Innovative Kultur entsteht, wenn ein Ort geschaffen wird, ein Kontext, ein Umfeld, in dem Menschen (zufällig) zusammenkommen, die gewillt sind, die harte Arbeit der Innovation zu betreiben. Das Management muss dafür die Bühne schaffen, aber nicht selber darauf stehen.

Unternehmen muss es gelingen, die Menschen und Mitarbeiter zum selbstständigen Denken zu animieren. Nur wenn der aktuelle Status quo mit neuen Augen betrachtet werden kann, wird man in einer Unternehmenskultur wieder Staunen lernen. Damit ist eine wichtige Grundlage geschaffen, Neues zu erfinden und die Zukunft zu gestalten. Überraschungen und Fehler müssen in der Kultur als wertvoll angesehen werden. Aus diesen entstehen unverhofft neue Möglichkeiten und Lerneffekte.

Alle Beteiligten eines Experiments müssen anerkennen, dass nur etwa zehn Prozent der durchgeführten Experimente positive Ergebnisse liefern. Demnach ist das Risiko geringer, wenn man viele Experimente durchführt anstatt wenige. Auch ein gescheitertes Experiment bildet eine bessere Grundlage für Entscheidungen als gar kein Experiment.

Experimente schaffen mehr Transparenz, wenn sie in der passenden Kultur stattfinden. In guten Startups und dynamischen Unternehmen herrscht eine Grundeinstellung, dass nahezu jeder Experimente durchführen kann, ohne eine direkte Freigabe zu erhalten. Diese Autonomie ist in digitalen Unternehmen ein wichtiger Bestandteil der Kultur. Diese Offenheit sollte breit angelegt sein, sodass alle Informationen mit jedem im Unternehmen geteilt werden können.

Das heißt nun aber nicht, dass Corporates jeden Mitarbeiter zum Experimentieren zwingen sollten. Vielmehr ist es ratsam, mit einem Kern-Experimentier-Team zu starten. Das kann später um ein paar Satelliten-Teams erweitert werden.

Diese führen die Experimente durch, haben aber vor allem die Aufgabe, die gesamte Organisation zu befähigen, ihre Einstellung zum Experimentieren durch aktives Tun zu verbessern. Ratsam ist es auch, eine Art Experimentier-Plattform aufzubauen, auf der die Experimente zusammenlaufen und völlige Transparenz herrscht.

Jeder Mitarbeiter kann im besten Fall in Echtzeit sehen, welche Experimente gerade laufen. Hier gilt der Grundsatz: Wissen ist Macht, geteiltes Wissen und Erfahrung ist mächtiger. Auf der Plattform können auch vergangene Experimente abgelegt werden, möglichst mit vollständiger Dokumentation der Erfolge und Fehler. Diese Zentralisierung der Experimentier-Infrastruktur unterstützt den Aufbau einer Kultur, die das Unternehmen zukunftssicher macht.

Unternehmen müssen sich am Ende nur die Frage stellen: Was passiert mit einem Experiment, das erfolgreich verläuft? Wo und wie wird es in der Organisation platziert und in ein Business überführt? Wie kann die Zusammenarbeit mit einem Startup als Experiment aufgebaut sein?

#45

EXPERIMENTIEREN = LERNEN

„Try to spend a little, learn a lot."
– Vijay Govindarajan

Mit einer experimentierfreudigen Kultur schafft man die Grundvoraussetzung hinsichtlich einer Startup-typischen Ausrichtung der Aktivitäten der Corporate.

Dabei muss das iterative, stark auf den Nutzer ausgerichtete Vorgehen im Mittelpunkt stehen. Iteration steht in dem Kontext aber auch für eine strukturierte Form des Lernens und hilft, das gesamte Angebot an den Kunden besser zu machen. Umso schneller ein Unternehmen lernt, desto schneller ist es in der Lage, sich zu verbessern. Hier geht es also um Reaktionszeiten beim Erkennen und Handeln sowie um schnelle Lerngeschwindigkeit.

Der niederländische Business-Stratege Arie de Geus hat gesagt: „The ability to learn faster than your competitors may be the only sustainable competitive advantage." Damit ist klar: Gewinnen kann nur der, der schneller lernt als der Rest – „fast you learn, fast you earn".

Lernen ist das wichtigste Element des Fortschritts für Startups. Alle Aktivitäten, die nicht unbedingt erforderlich sind, um in Erfahrung zu bringen, was der Kunde will, können gestrichen werden. Eric Ries spricht von validiertem Lernen (Validated

Learning = insights based on real data), das von positiven Veränderungen in den wichtigsten Messgrößen eines Startups begleitet wird.

Ein Startup findet Mittel und Wege, um eine möglichst hohe Anzahl an Lernprozessen zu geringen Kosten in einem kurzen Zeitraum zu bewältigen. Das ist das wichtigste Ziel von Lean Startup. Das validierte Lernen liefert systematisch gesammelte Informationen basierend auf regelmäßigen Experimenten.

Schnelles Lernen ist eine Top-Priorität und führt direkt zu besseren Ergebnissen. Die guten Startups gehen daher wenig auf die Vergangenheit ein. Sie versuchen fortlaufend und quasi just in time, eine Lehre aus allem zu ziehen und damit zu vermeiden, den gleichen Fehler zweimal zu begehen. Es wird wenig bis keine Energie auf Dinge verschwendet, die gewesen sind. Ganz im Gegenteil, die Energie wird auf das gerichtet, was man als nächstes tun kann – aufbauend auf dem Gelernten.

Was können Unternehmen also tun, um eine „Company of Learners" zu werden? Grundsätzlich ist es natürlich auch hier wieder eine Frage der Kultur. Ist ein Unternehmen fortlaufend offen für Neues, ist das bereits eine gute Grundeinstellung. Natürlich neigen Unternehmen oft dazu, selber interessant sein zu wollen. Belebender ist es aber, selber interessiert zu sein.

Hier rate ich dazu, ein gewisses Maß an Neugier zu entwickeln, um überhaupt in der Lage zu sein, die neuen Dinge zu „discovern". Menschen sind von Natur aus lernfähig, wenn sie im Lernprozess klar und objektiv beurteilt werden. Meiner Erfahrung nach sind die erfolgreichsten Menschen in Unternehmen nicht immer die schlausten Köpfe, sondern die guten Zuhörer und unersättlichen Lerner. Lernmomente können positiv oder negativ sein, aber sie sind niemals schlecht, solange sie mit anderen geteilt werden! Unternehmen müssen dafür sorgen, wie man auf anderen Ideen und Gelerntem aufbaut.

Ich habe Bootcamps als Ort zum Lernen gesehen, genauso wie ganz neue „Playgrounds", bei denen es darum geht, aktiv zu reflektieren und das Bestehende zu hinterfragen. Weitere Formate sind Austauschforen, interne Fuck-up-Sessions oder virtuelle Plattformen. Gerade die Plattformen oder Austauschformate sollten sicherstellen, dass eine gewisse Art des Just-in-time-Lernens möglich ist. Zusätzlich sollte nur das gelernt werden, was im Moment benötigt wird, um den nächsten Schritt zu gehen. Nur für diesen Moment muss das Gelernte abrufbar und einfach konsumierbar sein.

#46

EIN FRÜHER FEHLER IST EIN GUTER FEHLER

„Ever tried. Ever failed. No matter. Try again. Fail again. Fail better."
– Samuel Beckett

Niemand scheitert gern und gibt zu, dass er etwas falsch gemacht hat. Dabei gilt ein wichtiger Grundsatz in der Entwicklung eines Individuums, Startups oder einer größeren innovativen Organisationen: „If you can't fail, you can't learn." Nur durch Fehler kann man lernen. Wichtig ist dabei: Je früher ein Fehler passiert, desto besser. Corporates müssen lernen, dass auch Fehlschläge lehrreich sind und die Strategie positiv beeinflussen können. Oder dass Produktfehlschläge zu wertvollen Insights und Veränderungen führen.

Grundvoraussetzung dafür ist, dass es innerhalb der Corporate gelingt, das Unbehagen abzubauen und Transparenz zu schaffen. Wer nicht weiterkommt, muss Hilfe erhalten. Mit Fehlern muss offen umgegangen werden. Das schafft Selbstbewusstsein bei den Mitarbeitern und führt letztlich dazu, dass Fehler nicht mehr versteckt werden. Sicher ist es nicht leicht, für einen Fehler Verantwortung zu übernehmen, aber „failing with honor is a skill" (Eric Ries).

Top-Manager frage ich gerne: Woran seid ihr diese Woche oder diesen Monat gescheitert? Darüber nachzudenken, übt das

Eingeständnis und die Reflexion. So entsteht letztlich die positive Erfahrung, dass auf diesem Wege Lernen entsteht. Wenn dies innerhalb einer Organisation noch möglichst transparent gestaltet wird, können viele von dem Fehler und den Insights lernen.

Jeder Mensch, egal ob in Corporate oder Startup, muss sich vor Augen halten: „Learning from failure makes you a more valuable asset“ (Amy Wilkinson).

Auf der persönlichen Ebene ist ein Umdenken notwendig. Beim Experimentieren oder Ausprobieren von neuen Dingen sollte einem ausschließlich folgende Frage durch den Kopf gehen: Was ist, wenn es klappt? Leider ist das Verhältnis in den Köpfen immer genau falsch herum gelagert. Hier dominiert die Fragestellung: Was ist, wenn es nicht funktioniert? (siehe Abbildung).

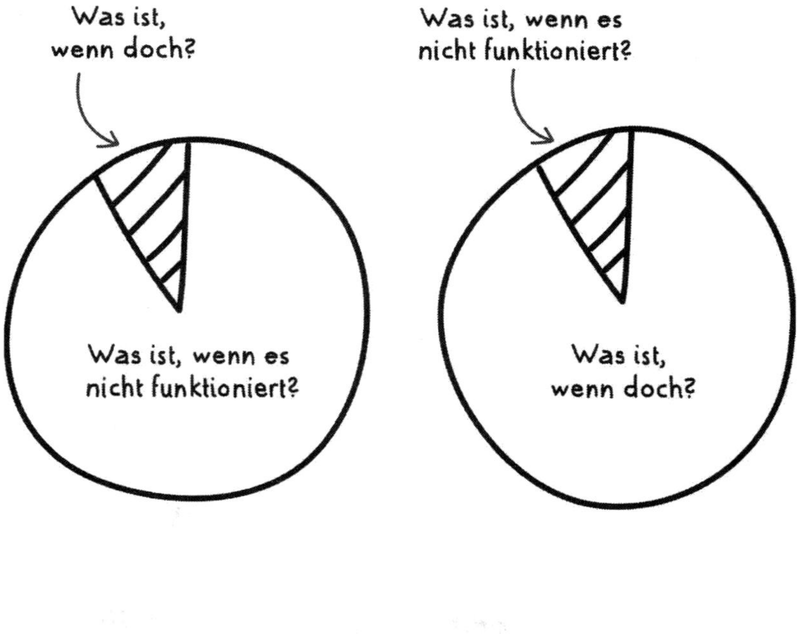

#47

MEHR ENTREPRENEURIAL MINDSET

Wir leben in einer goldenen Zeit des Entrepreneurships. Als selbstständiger Entrepreneur oder Unternehmer hat jeder die Möglichkeit, sich selbst zu entfalten und letztlich auch damit erfolgreich und glücklich zu sein. Aber wie steht es um das Thema Entrepreneurship innerhalb der Corportes? Eher schwierig aus meiner Sicht. Ich hatte schon mehrfach beschrieben, dass die Organisationen grundsätzlich auf Effizienz getrimmt sind und wenig Platz haben für Querdenker und Innovatoren (Piraten).

Dabei kann und muss jedes Corporate und jeder Mitarbeiter selbst die Entscheidung treffen, ob er ein Entrepreneurial Mindset als relevant und hilfreich ansieht und wenn ja, wie er den notwendigen Mindset Shift bewältigen kann. Aber wo genau liegt jetzt der Unterschied zwischen dem Mindset eines Entrepreneurs und dem eines Angestellten?

Mindset eines Entrepreneurs	**Mindset eines Angestellten**
Fokus liegt darauf, einen Beitrag zu leisten	Fokus liegt darauf, Anspruch zu haben
Fokussiert auf Ergebnis (Outcome)	Fokussiert auf Leistung (Output)
Priorisiert danach, was gebraucht wird	Priorisiert danach, was gefragt wird
Arbeitet, um den Job neu zu definieren	Arbeitet zum Erhalt des Jobs
Will große Entscheidungen treffen, auch wenn er gar keine Befugnis dazu hat	Selbst kleine Entscheidungen zu treffen, fällt schwer
Sieht die Bedingungen als illusorisch und temporär an	Sieht die Bedingungen als gesetzt und permanent an

Jeder, der in Corporates mehr Entrepreneurship bei sich oder irgendjemandem erwartet, muss diese Unterscheidungen kennen. Leute mit dem richtigen Entrepreneurial Mindset werden sich auf kurz oder lang durchsetzen. Die Frage ist nur, ob innerhalb einer bestehenden Organisation, von der sie womöglich nicht gefördert werden, oder außerhalb.

In etablierten Organisationen steht fest, dass Entrepreneure nicht einfach zu führen oder zu managen sind. Sogar den besten Entrepreneuren fällt es schwer, ein Umfeld zu schaffen, in dem andere Entrepreneure gerne arbeiten.

Klassische Management-Tools fokussieren auf Planung und Forecast. Es gibt eine Vielzahl an Messgrößen, die einem

Manager, der auch Angestellter ist, dabei helfen, sein Umfeld zu verstehen und dieses entsprechend zu steuern. In Corporates gibt es zahlreiche Programme und Trainings zur Führung, zum Produktmanagement und Vertrieb. Es gibt Ansätze dafür, wie Nachwuchsführungskräfte durch Abteilungen rotieren oder bestimmte Zeiten im Ausland verbringen. Das alles wurde erdacht, um einen möglichst guten Manager zu formen. Aber wie macht man das alles für einen Entrepreneur? Wie erkennt man diesen in den eigenen Reihen und managt ihn entsprechend?

Dabei gibt es verschiedene Formate, in denen eben dieser Entrepreneur in einer Organisation eingebunden sein kann:

1) in einem internen Startup-Projekt;
2) in einem (externen) Startup, welches mit dem Unternehmen verbunden ist, in welchem Setup auch immer;
3) als Mitarbeiter in einer „normalen" Rolle, in der er aktiv den Entrepreneur vertritt.

Ratsam ist es, das Thema Entrepreneurship als „Karrierepfad" innerhalb eines Unternehmens aufzuzeigen. Als einen Karrierepfad für Innovatoren. Dazu müssen die Hürden niedrig sein, sodass auch Leute an Angeboten und Initiativen teilnehmen, die sich noch gar nicht als Entrepreneur berufen fühlen. „Entrepreneurship for the many, not the few" (Günter Faltin).

Ich bin davon überzeugt, dass sich ein „Entrepreneurial Management" als relevanter Leadership-Ansatz in naher Zukunft etablieren wird. Es wird einfach keine andere Möglichkeit geben, wie Menschen gerade aus der neuen Generation in einer zunehmend unsicheren Zukunft vorbereitet und entsprechend gemanagt werden können – und dabei immer den Anspruch zu haben, sich selber immer wieder zu hinterfragen und permanent radikal Neues zu schaffen.

#48

TALENTE FINDEN ODER AUFBAUEN

„No matter who you are, most of the smartest people work for someone else."
– Bill Joy

Eine Stärke von Corporates ist es, dass sie in der Regel viele talentierte Leute an Bord haben. Teilweise haben Corporates hochkarätige Wissenschaftler in Teams für Research & Development (R&D) angestellt, nach denen sich Startups die Hände lecken würden. Die Frage ist aber: Wie organisiert und mobilisiert man genau solche Leute zur Innovation. Es reicht nicht aus, solche Leute als Angestellte zu behandeln. Sie brauchen eine Stimme und die Möglichkeit, mithilfe von Ressourcen und Freiräumen ihre Ideen zu kommerzialisieren.

Hinzu kommt, dass gute R&D-Kompetenzen nicht ausreichen. Eine Corporate braucht auch eine schlagkräftige digitale Kompetenz, um in Zeiten digitaler Transformationen erfolgreich sein zu können. Das gilt für Corporates und Startups gleichermaßen. Hierbei ist es häufig der Fall, dass es deutlich schneller geht, diesen digitalen Know-how-Transfer von außen nach innen zu betreiben, als das Know-how und damit die Kompetenz selber zu entwickeln. Das Einkaufen von externem Know-how oder Wachstum kann dabei aber nur ein initiales Mittel sein, um auf Geschwindigkeit zu kommen und den Auf- bzw. Ausbau von digitaler Kompetenz zu beschleunigen.

Im ersten Schritt holen sich viele Unternehmen eine Person auf Top-Management-Ebene, die das Thema vorantreibt. An dieser Stelle wird dann meist der schon erwähnte Chief Digital Officer (CDO) berufen. Die Aufgaben sind vielfältig, sollten sich aber im Kern auf drei wesentliche Punkte zusammenfassen lassen:

1) auf der Geschäftsführungs- bzw. Vorstandsebene ein einheitliches Verständnis und eine einheitliche Sichtweise zum Thema Digitale Transformation und Startups schaffen;
2) als Enabler für das gesamte Denken und Treiben rund um digitale Initiativen agieren;
3) für Startups und die entsprechenden Aktivitäten und Partnerschaften der Schirmherr, das Sprachrohr und der Netzwerker sein.

Dieser CDO sollte bestenfalls von der DNA her ein Entrepreneur sein beziehungsweise das Denken eines Entrepreneurs mitbringen. Das kann sich ein CDO aber nur außerhalb des Unternehmens erarbeitet haben. Ich bin davon überzeugt, dass ein Entrepreneur eher die notwendigen Managementkompetenzen erlernt als ein gestandener Manager das notwendige Mindset für Innovation und Entrepreneurship.

Doch neben dem CDO benötigt das Unternehmen noch weitere Talente. Wichtig ist, dass der Kern des Teams und damit das „Haupttalent" direkt im Epizentrum und damit bestenfalls in einem digitalen Hotspot sitzt. Das ist jeweils dort, wo für die Corporate die relevanten neuen Themen und Neuentwicklungen stattfinden. Die digitalen Talente sind natürlich nicht billig, formen aber den Kern der Truppe. Hier kann es schon mal sein, dass ein sehr guter, erfahrener Data Scientist mit Anfang 30 genauso viel verdient wie ein

Top-Manager, der seit zehn Jahren oder länger im Unternehmen ist. Besonders die Tech-Talente brauchen in der Regel einen Vorreiter, quasi als Anführer der Truppe. Einen der schon einen entsprechenden Track Record aufzuweisen hat und damit schon bewiesen hat, dass er ein Tech-Produkt, eine Plattform oder Ähnliches aufbauen kann. Außerdem muss dafür gesorgt sein, dass es eine gute Infrastruktur oder ein modernes Tech Stack gibt, auf dem gearbeitet wird.

Dieses kleine Kernteam wird dann ergänzt um lokale Freelancer und Netzwerkpartner oder, weiter gedacht, sogar über Tech-Hubs angrenzender Länder, zum Beispiel aus Osteuropa. Es gibt eine Vielzahl an Anbietern für sogenannte Nearshoring-Aktivitäten.

Entscheidend ist bei der Auswahl immer, dass Potenzial höher zu gewichten ist als die Erfahrung. Bei der aktuellen Dynamik in den Veränderungen auch auf Technologie-Seite ist es besonders wichtig, Talente zu haben, die neben den wichtigen Kompetenzen auch die Fähigkeiten mitbringen, sich selbst immer wieder neu zu erfinden.

Dieser Schritt des Investments in Talente kostet der Corporate einiges an Geld. Er erfordert auch Mut und einen gewissen Weitblick, wie bei allen zukunftsorientierten Aktivitäten. Das fällt Corporates meist sehr schwer. Gerade weil es ein zeitliches Durchhaltevermögen von mindestens fünf Jahre und mehr verlangt bei gleichzeitig hoher Unsicherheit, ähnlich wie beim direkten Investment in Startups.

Dieses Investment ist und bleibt aber die einzige Chance, im Unternehmen digitales Know-how auf Topniveau aufzubauen. Umschulungen oder Ausbildungsmaßnahmen der eigenen Mitarbeiter auf dieses Know-how erscheint mir nahezu unmöglich. Hier sollte der Fokus eher darauf liegen, wie Mitarbeiter zu Mitdenkern und damit zu Intrapreneuren transformiert werden können.

Die Transformation von etablierten Organisationen bricht fast immer mit dem Bestehenden und zwingt viele Mitarbeiter aus der Komfortzone. Das ist prinzipiell zu begrüßen. Denn nur wer sich verändert und anpasst, wird überleben. Hierfür eignet es sich, möglichst früh eine Koalition der Willigen intern aufzubauen. Wenn diese Mitarbeiter dann mehr Macht und Freiheit bekommen und sinnvoll mit Tech-Talenten ergänzt werden, wird sich etwas verändern.

Die so entstandenen Initiativen dürfen nicht abgekoppelt werden, sondern müssen in irgendeiner Weise in der bestehenden Organisation verwoben bleiben, sonst erfolgt ein zu harter Strömungsabriss und der Satellit ist völlig losgelöst unterwegs. Nur Talente, die in Inhouse-Initiativen agieren, fördern den dauerhaften Shift zu Innovation. Und das sichert die Zukunft des Unternehmens.

#49

RAUS! ABER KEIN SATELLIT

Wie schon erwähnt, ist eine Idee allein nichts wert. Sie wird nur dann wertvoll, sobald diese in einem dedizierten Team eingebettet ist und dieses Team alles daran setzt, diese Idee weiterzuverfolgen. Nur mithilfe klarer Hypothesen, einem geeigneten Experimentieransatz, dem richtigen Talent und genügend Flexibilität zur Überarbeitung oder Verwerfung der Idee kann das volle Potenzial dieser Idee ausgeschöpft und letztlich zu einer erfolgreichen Innovation werden.

Eine Corporate hat grundsätzlich die Kapazitäten und Ressourcen, all diese Anforderungen zu erfüllen und bereitzustellen. Die Frage muss also immer wieder lauten: Wie kriege ich die Mannschaft auf Trapp gehalten, sodass diese in der Lage ist, all diese Anforderungen ordentlich umzusetzen? Es ist ganz klar: Sobald eine Aktivität oder Initiative nicht direkt was mit dem Kerngeschäft und dessen Verbesserung zu tun hat, muss sie aus der Kernorganisation ausgelagert werden. Innerhalb der Kernorganisation kommen sonst schnell die Antikörper (Prozesse, Regularien etc.) in Gang, die die Überlebensfähigkeit der Initiative sofort sinken lassen.

Ich spreche nicht zwangsläufig von separaten Units oder Ausgründungen, die weit ab der Zentrale ein Eigenleben führen. Ich rate hier, interne, vielleicht schon in Teilen vorhandene „Entrepreneurial-like"-Strukturen zu nutzen bzw. aufzubauen. Diese sollten oft auch den Strukturen eines

Startups entsprechen und damit sehr projektbasiert aufgebaut sein. Es geht dabei um die kleinstmögliche Arbeitseinheit. Eric Ries hat sie „Atomic Unit of Work“ genannt.

Wie kann so ein Team aufgestellt sein? Amazon hat seine Zwei-Pizzen-Regel auch über die eigenen Unternehmensgrenzen hinaus bekannt gemacht. Sie besagt, dass ein Team nur so groß sein darf, dass zwei Pizzen es satt machen. Der Punkt ist, dass das Team aus wenigen, sehr leidenschaftliche Mitgliedern zusammengesetzt sein sollte.

Darüber hinaus brauchen diese Teams drei weitere Dinge, um erfolgreich zu sein:

1) Knappe, aber sichere Ressourcen
2) Handlungsbefugnis, um das Produkt bzw. Geschäftsmodell frei und ungezwungen zu entwickeln
3) Persönliches Interesse am Ergebnis

Mit solchen Teams sind Unternehmen in der Lage, schnelle Experimente durchzuführen und damit auch schneller relevante Ergebnisse zu produzieren. Dabei soll die Freiheit nicht als mangelnde Disziplin gelten. Sondern eher dazu ermuntern, dem Motto zu folgen: „Think big. Start small. Scale fast.“ Und falls es doch mal um sehr anspruchsvolle Technologien geht, sollte dieses Team selbstständig außerhalb der Organisation Partnerschaften vor allem mit Startups eingehen können.

#50

DIE ROLLE DES CONNECTORS

Es ist wichtig zu verstehen, dass das Meistern von Beziehungen und Netzwerken eine neue Währung ist, die die Effektivität in der New Economy vorantreibt. Da ich mich selber mit der Rolle des Connectors identifiziere, spreche ich auch gern von einer Relationship-Ära, die gerade anbricht und in der es darum geht, die „dots“ zu connecten. Dots können Menschen, Ideen, Probleme oder Lösungen sein. Neben Business-to-Business (B2B) wird es die nächsten Jahre auch viel um People-to-People (P2P) gehen.

Das Problem besteht dabei nicht darin, dass wir aktuell zu wenige Connections hätten. Im Gegenteil, es sind eher zu viele. Unser Problem ist auch kein Informations-Overload, wir haben ein Filter-Problem.

Genau hier setzt die Aufgabe und die Rolle des Connectors an. Diese besteht darin, eine Art Information Broker zu sein. Mithilfe von Informationen, Zugängen und Ratschlägen helfen diese Personen ihrem Netzwerk. Das tun sie, indem sie Informationen vorfiltern, kombinieren und kontextualisieren. Sie geben von ihrer Natur aus mehr als sie nehmen (Prinzip: Givers vs. Takers) und wollen mit allem, was sie tun, einen Wert stiften. Sie bringen regelmäßig Individuen aus verschiedenen Gruppen und Stakeholder aus verschiedenen Bereichen und Ökosystemen zusammen. Sie verstehen die Bedeutung und den Sinn einer Community, was in der schnelllebigen Zeit, in der oft der Human Touch verloren geht, sehr wertvoll sein kann. „The value of your connection is worth more than the value of your service“ (Seth Godin).

Gerade weil die Corporate-Welt zunehmend virtueller wird und Geschäftsmodelle digitaler werden, ist es umso entscheidender für den nachhaltigen Erfolg, auf die Effizienz von Partnerschaften zu setzen, anstatt auf die Kraft der klassischen Corporate-DNA.

Corporates als auch Startups müssen verstehen, dass ein großer Teil der Wertschöpfung zukünftig in Netzwerken stattfindet. Dafür ist es notwendig, dass Corporates mit Partnern außerhalb der klassischen, bekannten Wertschöpfungskette zusammenarbeiten.

Die Corporates verfügen über Netzwerke und Infrastrukturen, die meist über Jahrzehnte aufgebaut und gepflegt wurden. Jede gute Beziehung basiert dabei auf drei wesentlichen Dingen: Leute müssen mich kennen, mich mögen und mir vertrauen! Gerade das Vertrauen aufzubauen, dauert aber meist Jahre, es kann in Sekundenbruchteilen zerbrechen und niemals wieder zurückkehren.

Ich glaube fest an „Access is an Asset“. Es geht heute zunehmend um die „Leveraged Assets“, was schlicht bedeutet: Der Zugang ist wichtiger als der Besitz. Das ist auch eine der Kernlogiken in den Plattform-Geschäftsmodellen (siehe #16).

Menschen in Corporates und Startups, die sich für eine Connector-Rolle berufen fühlen, sollten zunächst überlegen, welche Menschen sie bereits kennen. Strategisch sollte der Fokus auf nicht mehr als 150 relevanten Kontakten liegen. Mehr schafft ein Mensch realistisch nicht, wertstiftend zu bearbeiten. Daraus entsteht dann ein „Portfolio“ an Geschäftsbeziehungen. Nächster Schritt ist zu überlegen: Wem kann ich womit helfen und wer kann mir helfen? Einfache Fragen wie „Woran arbeitest du gerade?“ führen meist schnell weg vom Smalltalk und hin zu inhaltlichen Gesprächen.

Aufbauend auf den Inhalten können einfache Hilfestellungen darin bestehen, Informationen zu teilen, etwa in Form von Artikeln oder Büchern, oder eine andere Sichtweise zu diskutieren. Es kann aber auch eine Intro zu einem anderen relevanten Kontakt im Netzwerk gefragt sein. Gerade bei Intros muss immer sowohl ein Kontext gegeben sein für alle Seiten als auch ein konkreter Vorschlag zum weiteren Vorgehen.

Corporates und Startups sind gut beraten, eine gewisse Art von „Connectional Intelligence“ in ihren Routinen und damit auch in ihrer Kultur zu verankern. Bestenfalls finden sich auch in der eigenen Organisation Menschen, die die Rolle des Connectors einnehmen können. Unabhängig vom gewählten Setup gilt für alle das bekannte afrikanische Sprichwort „If you want to go quickly, go alone. If you want to go far, go together.“ Die Ära der allein agierenden Genies ist vorbei – das gilt auch für Organisationen. Und hierzu braucht es einen Connector, der alles verbindet.

#51

FINDEN VON STARTUPS UND DIE KONTAKTAUFNAHME

Das Suchen und Identifizieren von Startups ist ein viel diskutiertes Thema. Aus zweierlei Richtungen ist es sinnvoll, sich mit dem Screening und Monitoring von Startups zu beschäftigen. Einerseits muss ich aktiv suchen, ansprechen und qualifizieren, wenn ich ein konkretes Anliegen habe oder eine Initiative direkt für Startups betreibe. Andererseits sollte jede Corporate in den relevanten Verticals permanent und fortlaufend Startups screenen.

Gerade vor dem Hintergrund, dass Startups als eine Art Proxy für frühe, innovative und kundenzentrierte Lösungen gelten, kann man durch einen Blick auf die jeweilige Startup-Landschaft und deren Entwicklung viel über die Traktion und Entwicklung in diesem Bereich ableiten. Dies trifft natürlich auch für Startups selbst zu, die wissen wollen und müssen, was in ihrem Vertical passiert.

Die Suche beginnt meist online. Mithilfe von einschlägigen Datenbanken und Websites kann ein Unternehmen mit den richtigen Suchbegriffen und Kniffen relativ schnell einen Überblick bekommen. Wichtig ist, dass diese Übersicht nur ein erster Startpunkt ist und keine professionelle, eigens aufgebaute Lösung ersetzen kann. Für Einsteiger, Mitarbeiter, Startups und andere Interessierte kann es aber überaus spannend sein, hiermit zu beginnen. Nachfolgende Quellen und Datenbanken empfehle ich und nutze diese selber sehr aktiv:

Quelle/ Datenbank	**Link**	**Anmerkungen**
Berliner Startup Map	startup-map.berlin	initial frei zugänglich in Zusammenarbeit mit Dealroom
AngelList	angel.co/markets	frei zugänglich, mit mehr als 5 Millionen Companys sicher eine der umfangreichsten Listen
CB Insights Market Map	cbinsights.com/research/market-map	viele (z. B. via Google Bildersuche) frei verfügbar, aktuelle Übersichten kostenpflichtig
Crunchbase	crunchbase.com	Auszug frei verfügbar, umfassender Zugang kostenpflichtig
Pitchbook	pitchbook.com	umfangreiches Angebot an Startup Intelligence, einiges frei verfügbar
Tracxn	b.tracxn.com	umfangreiches Angebot an Insights, fast alles kostenpflichtig

Natürlich gibt es viele weitere Lösungen am Markt. Und es gibt auch nach wie vor viele Beratungsunternehmen, die solches

Landscaping von Startups oder Reporterstellung als Dienstleistung für Corporates anbieten. Das mag nicht unbedingt falsch sein, allerdings schreiben die meisten nur von den oben genannten Quellen ab. Dabei liegt die Kunst nicht in der Informationsbeschaffung, sondern in der Auswertung und Analyse entsprechend des Unternehmenskontextes und der eigenen Fragestellungen.

Grundsätzlich sind die Corporates nicht ungeübt in solchen Tätigkeiten rund um Market oder Data Intelligence. Leider haben Unternehmen diese Leistung in den letzten Jahren vermehrt ausgelagert an externe Dienstleister und kaufen die fertigen Daten in Form von Reports bei Bedarf ein. Ich rate jedem Unternehmen dazu, sich eigene Lösungen zu bauen, um selber mit den Daten und Informationen fortlaufend arbeiten zu können. Hierzu ist es auch denkbar, bestehende (oben genannte Quellen) über Schnittstellen (API) „anzuzapfen" und mit eigenen Auswertungs- oder Dashboard-Lösungen transparent und verwertbar zu machen.

Es kann weiterführend durchaus sinnvoll sein, die so gewonnenen Insights möglichst vielen Mitarbeitern intern über einfache Newsletter oder ähnliche Kanäle zur Verfügung zu stellen.

Alles, was darüber hinaus in Richtung Startup-Engagement und Zusammenarbeit geht, braucht eine Lösung, die die Informationen in ein verwertbares Format überführt. Damit lässt sich dann eine Art Startup-Pipeline aufbauen, transparent gestalten und intern managen. Als Rollenmodell empfehle ich gern die CB Insights Collections als eine denkbare Lösung bzw. als Vorlage oder Modell.

Hier können neben dem Arbeitsstatus zum jeweils ausgesuchten Startup auch die Priorisierung und Hauptansprechpartner festgelegt werden. Die angebotene Lösung von CB Insights ist kostenpflichtig, zeigt aber die einfache Logik des Managements der Startups in einer Funnel-Logik auf. Ich empfehle als mögliche Lösung auch, eigene Entwicklungen auf Basis bestehender Softwarelösungen (zum Beispiel mithilfe von Monday.com). Auch bestehende CRM-Lösungen können eingesetzt werden. Hier rate ich aber generell, einen neuen Bereich für Startup-Partnerschaften aufzusetzen, um nicht mit bestehenden Kundenaktivitäten durcheinander zu kommen. Wie ein solches Startup-Programm aufgebaut werden kann, erläutere ich weiter hinten.

Neben der aktiven Suche nach Startups treten Startups auch direkt an die Unternehmen heran. Gerade in größeren Unternehmen kommen sicher pro Woche mehrere E-Mails mit Pitchdecks von Startups an den verschiedenen Stellen an. Umso wichtiger ist es, sauber zu kommunizieren und Transparenz zu schaffen. Mehr dazu im nachfolgenden Abschnitt.

Es muss jedem, der mit Startups zusammenarbeiten will, klar sein, dass sich aus 100 angeschauten bzw. gescouteten Startups vielleicht 10 Gespräche ergeben, aus denen im besten Fall ein Pilot oder Ähnliches entsteht.

Ebenfalls ein wichtiger Kanal ist LinkedIn, das längst zu dem Business Social Media angewachsen ist und sich in allen nationalen und internationalen Bereichen etabliert hat. Man kann sagen: Top-Entscheider, die sich mit Startups vernetzen wollen, aber nicht bei LinkedIn zu finden sind, senden ein widersprüchliches Signal. Die Schönheit des Netzwerks liegt in der direkten Kommunikationsmöglichkeit und der Einbindung in die digitalen Aktivitäten eines jeden.

Zudem ist es ein toller und einfacher Weg, über das Netzwerk und die Geschehnisse up to date zu bleiben. Zudem hat man die Möglichkeit, sich und sein Unternehmen aktiv in der Szene zu positionieren und die Sichtbarkeit zu steigern.

#52

STARTUP RELATIONSHIP MANAGEMENT

Corporates können von einem gut durchdachten Startup-Programm profitieren, das im Schwerpunkt auf die Vernetzung, den Austausch und die anschließende Zusammenarbeit setzt. Doch wie baut man das auf?

Im Detail kann zwischen einem Event-basierten und einem Scouting-basierten Ansatz unterschieden werden. Der Event-basierte Ansatz sieht vor, dass eine ausgewählte Kohorte an Startups über eine Challenge oder ein aufgesetztes, zeitlich begrenztes Programm (zum Beispiel einen Hackathon) mit der Corporate in Kontakt kommt und mit ihr initial zusammenarbeitet. Der Scouting-basierte Ansatz fokussiert hingegen eher auf ein fortlaufendes Screening oder fortwährendes Angebot an Startups, sich mit der Corporate zu vernetzen.

Für beide Stoßrichtungen steht der Aufbau und die Intensivierung der Beziehungen zu Startups im Vordergrund. Hierfür eignet sich der Aufbau eines Startup Relationship Managements (SRM). Konkret ist hiermit ein systematischer Engagement-Prozess gemeint, bei dem es darum geht, den Startups ein spezifisches Interface und damit eine konkrete Anlaufstelle im Unternehmen zu schaffen. Das Fehlen dieser transparenten Anlaufstelle ist es, woran in vielen Fällen die Bemühungen zur Zusammenarbeit scheitern.

Für den Aufbau eines Startup Relationship Managements empfehle ich folgendes Vorgehen:

Initial sollte sich jede Corporate – unabhängig von Größe und Industrie – ein Zielbild aufbauen. Dazu gehört auch die Warum-Frage (siehe #24) und die Festlegung, welche Deliverables und damit Erwartungen an die Startups gestellt werden, zum Beispiel in Bezug auf Lösungen, Kompetenzen, Inspiration oder Ähnliches. Bei echtem Interesse an der Startup-Thematik kommt das Unternehmen nicht drum herum, einen groben Zwei- oder Drei-Jahres-Plan zu entwickeln, inklusive Metriken und Budgets. Denn der Aufbau eines solchen SRM benötigt Zeit und Ressourcen. Es muss dem Startup auch transparent werden, welchen Mehrwert es selbst aus einer möglichen Zusammenarbeit zieht. Hier empfiehlt es sich, die gesteckten Ziele und die erwarteten Ergebnisse des Unternehmens offen zu kommunizieren.

Das verantwortliche Engagement-Team sollte alle Innovationsbedarfe der Corporate und die jeweils richtigen Ansprechpartner kennen. Zudem sollte es übergreifend aktiv werden können und nicht in einer spezifischen Einheit, also einem Silo, eingeschlossen sein.

Die Ansprache und das Zusammenkommen kann unterschiedlich erfolgen. In größeren Organisationen treffen täglich an verschiedensten Stellen auf verschiedenste Art und Weise Vertreter von Startups mit denen von Corporates aufeinander. Beide Seiten nehmen zum Beispiel auf einer Veranstaltung oder direkt per LinkedIn Kontakt auf. Vielleicht kommt eine E-Mail über einen Kollegen, Bekannten oder Externen.

Wie auch immer die Kontakte entstanden sind: Es besteht eine zwingende Notwendigkeit, alle Aktivitäten und Kanäle in ein sauberes Engagement-Programm zu überführen. Aus meiner Sicht gibt es nichts Professionelleres für eine Corporate, als eine direkte und nach außen hin klare Anlaufstelle für alle Startup-Anfragen oder -Anliegen zu haben.

Wenn dann auch noch transparent damit umgegangen wird, was gerade mit dem Anliegen des Startups oder der Projektanfrage passiert, entsteht für beide Seiten eine absolute Win-Win-Situation. Ein Beispiel dafür ist Foundry von Unilever. Diese Plattform ist die zentrale Anlaufstelle für alle Startup-Aktivitäten innerhalb des Konzerns.

Umso schneller die Corporate-Partner die richtige Verbindung zum internen Ansprechpartner herstellen, desto eher wird eine mögliche Kooperation erfolgreich sein. Unverzichtbar ist eine offene und direkte Kommunikation, die auch auf die eigenen Schwächen eingeht. Nur so können zum Beispiel mögliche Hürden in einer Pilotierung frühzeitig identifiziert werden.

Neben der Kommunikation von Stärken und Schwächen gilt es aber auch immer wieder, den Nutzen für beide Seiten im Auge zu behalten und entsprechend zu kommunizieren. Das erlaubt beiden Parteien, sich permanent vor Augen zu halten, warum sie tun, was sie tun, und warum sie beide zusammen mehr haben als einer allein.

Beim Öffnen der Problem-Pipeline innerhalb verschiedener Business Units und bei der Identifikation von möglichen „low hanging fruits“ ergeben sich relativ schnell greifbare Themen, die gemeinsam mit Startups angegangen werden können. Hier ist es realistisch, wenn im ersten Jahr ein gemeinsamer Pilot angegangen wird. Im Jahr zwei können es dann drei bis fünf Piloten werden, von denen sich dann ein bis zwei intern oder extern skalieren lassen.

Die Struktur für ein Pilotprojekt mit einem Startup könnte so aussehen:

1) Hypothese
2) Projektbeschreibung (2–3 Seiten)
3) Deliverables
4) Business Case / KPI
5) Budget freigeben
6) Projektteam
7) Projektplan

Gerade das Jahr eins der Zusammenarbeit zwischen Startups und Corporates sollte auf mindestens quartalsweise Meilensteine heruntergebrochen werden. Damit wird der regelmäßige Review mit Bezug auf konkrete Ziele durchgeführt, was beiden Seiten hilft.

Das bedeutet aber nicht, dass die Zusammenarbeit nur auf diese Review-Termine alle drei Monate beschränkt sein muss. Ganz im Gegenteil. Es funktioniert am besten, wenn man sich noch öfter sieht, austauscht und zusammenarbeitet. Gute Corporate-Partner nutzen sogenannte Team-Check-ins um zwischenzeitlich an Punkten zu arbeiten oder zu diskutieren, ohne das Ganze zu stark in einem Kontrollwahn ausufern zu lassen. Hier muss der Fokus darauf gerichtet sein, ob das Startup aktuell Hilfe braucht oder ob es sich eher auf die nächsten Meilensteine konzentrieren muss. Daher sollte die

Initiative eher vom Startup ausgehen, dem diese Option idealerweise immer offensteht.

Neben den bereits im vorherigen Abschnitt beschriebenen Startup Scouting ist es beim Event-basierten Ansatz ratsam, als Unternehmen auf verschiedensten Startup-Veranstaltungen vertreten zu sein und sich so aktiv zu vernetzen. Selber ganze Veranstaltungen zu hosten, ist sicher auch möglich, sollte aber erst dann versucht werden, wenn mit Sicherheit ein hohes Interesse besteht. Empfehlenswerter ist es zum Beispiel, auf bereits renommierten Startup-Veranstaltungen als Partner oder Sponsor aufzutreten. Diese Veranstaltungen sollten mehr auf Qualität statt auf Quantität setzen, da in der Masse jegliches Engagement einer Corporate unter vielen einfach untergeht. Gezieltes Sponsoring einer Meetup-Serie oder eine Partnerschaft, zum Beispiel mit der Project A Knowledge Conference, sind sicher gute Investments.

Ein sehr einfacher und auch kostengünstiger Weg ist, auf der eigenen Unternehmens-Website sehr prominent einen eigenen Startup-Abschnitt zu platzieren. Hier wird dann auf das Startup-Programm und die entsprechenden Aktivitäten hingewiesen. Im besten Fall sind hier auch aktive Ausschreibungen hinterlegt, zum Beispiel, für welche internen Herausforderungen das Unternehmen gerade technische Lösungen sucht. Zukünftig könnte dieser Startup-Abschnitt genauso zu einem festen Bestandteil im Außenauftritt werden wie der Karriere-Abschnitt heute. Vielleicht bindet man darüber indirekt zukünftig bessere Talente über Startups an das Unternehmen als über klassische HR-Wege.

#53

VENTURE-CLIENT-ANSATZ

Wie schon weiter vorn beschrieben, gehören die Vertriebspower und die entsprechenden Marktzugänge sowie die über Jahrzehnte aufgebaute Industrie- bzw. Domain-Knowledge zu den Kern-Assets einer Corporate. Daran sind auch die Startups am meisten interessiert, da es für sie extrem schwierig ist, einen effektiven Vertriebskanal zu finden und aufzubauen. Oft scheitern die Startups also nicht am Produkt, sondern am Vertrieb. Dies gilt besonders für den immer wichtiger werdenden B2B-Bereich. Hier kann ein Unternehmen seinen Benefit einbringen und diesen auch mit diesem Argument in Richtung Startups „verkaufen". Ein Startup kann sich mit der Hilfe der Corporate als Partner in der Breite und in der Tiefe eines spezifischen Industriebereichs ausprobieren. Letztlich spart das Startup enorme Ressourcen, die es bräuchte, um einen eigenen Vertriebskanal aufzubauen. Damit ist eine schnellere Skalierung gewährleistet.

Somit ist es für Corporates ratsam, sich auf diese Stärken zu fokussieren und die Zusammenarbeit mit Startups professionell zu managen und nicht zu versuchen, mit professionellen Inkubator- und Accelerator-Programmen zu konkurrieren. Der Fokus muss darauf liegen, was solche Programme den Top-Startups nicht bieten können.

Ein Startup braucht vereinfacht gesagt drei Dinge zum Wachsen:

1) Kapital
2) Coaching
3) Clients

Die ersten beiden Punkte können Venture Capitalists oder andere professionell betriebene Programme bestens abdecken. Den letzten Punkt hingegen können in der Regel Corporates deutlich besser bedienen. Die guten Startups haben meist sehr gute Lösungen. Sie brauchen nur Kunden, also konkrete Käufer der Leistung, meist mehr als inhaltliche Unterstützung oder Kapital.

Der Begriff des Venture Clients fällt hier häufiger. Soll sagen: Die Venture Capitalists oder Acceleratoren agieren in der initialen Phase und erledigen die komplexe Arbeit des Aufbaus des Produkts. Die Corporates kommen dann etwas später als erste große Kunden, wenn das Startup zum Beispiel den Accelerator verlassen hat. Sie kaufen dann meist den ersten Produktentwurf, also das MVP, ein und testen damit die Lösung in einem realen Umfeld unter Echtzeitbedingungen. Sie sind damit der erste Client des Ventures.

Die Startups werden echte Zulieferer, bekommen eine Lieferantennummer und alles, was dazu gehört. Die Corporate hingehen hat damit einen exklusiven Zugang zu neuen Lösungen, die es in einem kleinen Umfeld ausprobieren kann. Sie spart sich damit eigene aufwendige und langwierige Entwicklungsarbeit. Zugleich kann das Unternehmen lernen, was an der Lösung funktioniert und was nicht.

Initiiert werden kann eine Zusammenarbeit in diesem Format von beiden Seiten. Entweder hat das Startup den Need erkannt und sucht einen starken Vertriebspartner beziehungsweise ersten Lead-Kunden. Oder alternativ hat die Corporate intern Probleme identifiziert, für die es extern eine Lösung sucht.

Das Venture-Client-Modell liefert somit echtes Feedback und ist ein gutes Modell zur Kooperation oder sogar für die Co-Innovation zwischen Corporate und Startup. Zusätzlich ist der Ansatz deutlich günstiger im Vergleich zu einem eigenen Accelerator- oder Innovation-Lab. Ob dann das erste Pilotprojekt ein bezahltes Projekt ist oder nicht, bleibt den Parteien überlassen. Grundsätzlich ist es eher Standard, dass die Corporate dafür etwas zahlt. Auch wenn dies meist eine vergleichbar kleine Summe ist, schafft es doch ein stärkeres Commitment zwischen den beiden Partnern.

Eines der bekanntesten Beispiele für einen solchen Ansatz liefert BMW mit seiner hauseigenen „Startup Garage“. Ziel ist es aus Sicht von BMW, früh Technologien (oft noch im Status eines Prototyps) von außen zu integrieren, zu testen und weiterzuentwickeln. Gleichzeitig erfolgt eine aktive Unterstützung der Startups durch den Zugang zu relevanten Bereichen des Unternehmens und teils auch durch einen vereinfachten Prozessablauf (zum Beispiel beim Einkauf). Im Idealfall findet die Lösung Anklang und hilft dem Konzern. Dann ist eine Partnerschaft das beste Ergebnis. In dem ganzen Ansatz gibt es laut Aussagen der Beteiligten keine Exklusivverträge oder Anteile am Startup. BMW kann und möchte von den technischen Innovationen profitieren und die Startups bekommen im Gegenzug die Möglichkeit, einen global operierenden Konzern als Kunden zu gewinnen.

#54

INVESTIEREN IN DIE ZUKUNFT – STARTUP-BETEILIGUNGEN

Eine der Optionen, wie Corporates mit Startups zusammenarbeiten können, ist das direkte Investment und damit die Beteiligung an Startups. Wie schon erläutert, ist dies eher eine von vielen möglichen Optionen, die ein Unternehmen hat. Das Startup Investment ist geeignet für die Stufe der 10 Prozent, da mit diesen Investments in der Regel eher auf komplett fremde Themen gesetzt und somit keine direkte Kompetenz im Unternehmen aufgebaut wird.

Trotz der Corona-Krise, die nach mehreren Rekordjahren nacheinander zwischenzeitlich etwas Dynamik aus dem Thema Startup Investments genommen hat, befinden wir uns aktuell wieder auf einem guten Niveau. Allein in 2019 wurden in Deutschland über sechs Milliarden Euro in Startups über die verschiedenen Phasen hinweg investiert. Das ist erstmal positiv. Schaut man sich die Zahlen genauer an (unter anderem im Startup Barometer 2019), fällt auf, dass der Anteil von ausländischen Geldgebern in deutsche Startups deutlich angestiegen ist und bei gut 40 Prozent liegt. Auf der einen Seite honoriert und bestätigt das die gute Arbeit der deutschen Startups, auf der anderen Seite zeigt sich dadurch eine eklatante Lücke bei der Risikofinanzierung in Deutschland. Gerade größere Tickets von mehreren Millionen Euro sind in

Deutschland nicht ganz einfach zu bekommen. Vielleicht liegt hier eine Chance für die Corporates.

Leider tun sich Corporates immer noch schwer damit, Geld in Zukunftsthemen zu investieren, die dann auch noch mit einem gewissen Risiko verbunden sind. Dabei wäre das Geld da. Allein die Dividendenzahlungen der DAX-30-Unternehmen lagen 2019 bei 36,5 Milliarden Euro.

Man stelle sich vor, 10 Prozent davon würden die Unternehmen in Startups investieren, anstelle den Shareholdern das Geld auszuschütten. Zumal Letztere dank Nullzinspolitik ohnehin kaum attraktive Anlageoptionen finden. Die Unternehmen würden sich selbst wie auch der Gesellschaft eine viel bessere Ausgangssituation für die Zukunft ermöglichen. Ich bin mir sicher: Der Return aus einem solchen Investment würde allen zugutekommen.

Abgesehen von der hohen gesellschaftlichen und gesamtwirtschaftlichen Relevanz von Startup Investments kann eine Corporate damit auch das eigene Wachstum und die Zukunft sichern. Die Frage ist nur, ob eher ein strategisches oder eher ein finanzielles Ziel verfolgt wird. Neben dem Aufbau einer CVC, der sicher sinnvoll, aber herausfordernd ist (siehe #35), möchte ich drei aus meiner Sicht mögliche Optionen für Corporates für Startup Investments ins Spiel bringen:

1) Minderheitsbeteiligungen von um die 10 Prozent in Startups einer sehr frühen bis frühen Phase (Pre-Seed, Seed): Mit dem Investment kann die Corporate lernen und partizipieren. Dafür sind die Laufzeiten extrem lang und es besteht ein erhöhtes Ausfallrisiko.

2) Investitionen in ein bestehendes Geschäft und damit eher in Startups der späteren Phasen: Hier wird der Erfolg bestenfalls in ein bis zwei Jahren sichtbar. Das ist besonders wichtig, wenn das Unternehmen schnell funktionierende Lösungen und digitales Know-how braucht, um das bestehende Geschäft zu transformieren oder direkt angrenzend zu erweitern.

3) Mehrheitsbeteiligungen oder die Übernahme von bestehendem Geschäft meist in Startups in der späteren Phase, zum Teil auch in Startups, die auf einer Art Wachstumsplateau angekommen sind oder Wachstumsschmerzen haben: Mit der Beteiligung kann die Corporate schnelle Erfolge aufzeigen.

Für den ersten und zweiten Ansatz benötigt ein Unternehmen eine eigene CVC-Einheit, die bestenfalls mit einem erfahrenen VC-Team und ausreichend Netzwerk besetzt ist. Gerade ein gutes Netzwerk schafft einen wertvollen Zugang zu guten Investment Opportunities. Falls eine CVC-Einheit noch nicht ausreichend Zugänge zu guten Deals und Entwicklungen hat, sollten sie sich spezifische Business Angels suchen, die in dem selben Vertical unterwegs sind und mehrfach einen guten Riecher bewiesen haben. Hier ist es dann wertvoll, zum Beispiel durch das Auslesen von Handelsregistereintragungen (über www.startupdetector.de) diesen Business Angels und ihren Investment-Aktivitäten zu folgen.

Wenn ein Unternehmen in frühphasige Startups investiert, sollte es eher in die Fähigkeiten des Teams investieren als in das Geschäftsmodell. Erfahrungsgemäß ändert sich das Geschäftsmodell im Rahmen eines Pivots noch das ein oder andere Mal. Beachtenswerte Merkmale sind zum Beispiel die Fähigkeit der Gründer, sich gefühlt bei jedem Gespräch durch das Feedback aus dem letzten Gespräch verbessert zu haben. Diese Verbesserungsrate und damit die Dazulern-geschwindigkeit ist meist wichtiger als die anfängliche Fähigkeit des Gründers. An der Stelle schlägt mal wieder Potenzial Erfahrung.

Mit dem dritten Ansatz kann initial und schnell der digitale Footprint der Corporate über vorzeigbare Ergebnisse (Leuchttürme) gestärkt werden. Die Beteiligung oder Übernahme von bestehendem Geschäft und dessen Ausstattung mit Kapital setzt weniger VC-Kompetenz voraus als der erste Ansatz. Unter Budget-Gesichtspunkten kann der dritte Ansatz der ratsamere sein. Gerade wenn das Startup kein exponentielles Wachstum (mehr) aufweist oder sein Markt zu nischig ist, macht es das für institutionelle Venture Capitalists in der Regel unspannend. Eine Corporate als Investor kann hier eine entscheidende Rolle spielen.

Es kommt in dem Zusammenhang regelmäßig vor, dass Startups medienwirksam von Corporates übernommen werden, aber gleichzeitig hinter den Kulissen von einem Fire Sale gesprochen wird. So ein Fire Sale liegt vor, wenn ein Startup zu einer deutlich niedrigeren Bewertung seine Anteile an eine Corporate verkauft. Hier kann es sein, dass aufgrund einer Schieflage des Startups im Geschäftsmodell oder aus akuter Finanznot auch mal eine Transaktion zu einem obligatorischen Euro stattfindet. Das wird dann meist nicht öffentlich kommuniziert. Denn in der Startup-Szene gilt hinter vorgehaltener Hand: „Auch ein Fire Sale ist ein Exit.“ Meist bleiben die Gründer noch an Bord, bekommen eine Anstellung und ein Corporate-Gehalt, zum Teil auch attraktive Boni.

Ziel der Corporate und damit des Investors muss es immer sein, dem Startup zu helfen. Deshalb sollte die Corporate auch nach dem Investment weiter ambitioniert sein, sich also weiter Ziele setzen, die unter Höchstleistung erreichbar sind. Dabei darf sie aber auf keinen Fall in die Geschäfte reinregieren. Besser ist es abzuwarten, bis das Startup nach Hilfe fragt, sonst kann es schnell zu einem „hugging to death" kommen. Wenn das Startup dann nachfragt, kann es auch mal nur um emotionalen Support gehen oder einen freundschaftlichen Rat. Es darf nie vergessen werden, dass es sich um junge Menschen handelt, die nicht perfekt sind und auch mal an ihre Grenzen stoßen. Gerade die Corona-Krise hat bei vielen Startups auch Momente und Situationen ausgelöst, die sie nicht kannten. Gerade hier ist auch mal ein entspannter Kaffee und ein offenes Gespräch wichtig.

Neben diesen drei Optionen des Direktinvestments in Startups rate ich Unternehmen, die noch völlig neu in dem Umfeld unterwegs sind, für den Anfang eine Beteiligungen über Dritte, sprich über Startup-Investmentfonds, zu tätigen. Die Einstiegssummen sind nicht klein und liegen bei zirka ein bis drei Millionen Euro. Dafür bekommt das Unternehmen die Möglichkeit, die eigenen Startup-Investment-Ambitionen mit überschaubarem Risiko in professionelle Hände zu geben. Dazu kann das Unternehmen viel vom Management des Fonds lernen und bekommt in der Regel jedes Quartal ausführliche Informationen zum aktuellen Stand. Besonders Familienunternehmen und Family Offices machen in Deutschland vermehrt von diesem Ansatz Gebrauch. Aktuell gibt es eine Vielzahl an Fonds, die gerade aufgebaut werden und nach Partnern und Geldgebern suchen. Wo gerade wer dabei ist, einen Fonds aufzubauen, lässt sich wieder gut über das Netzwerk herausfinden.

Eine weitere Ausbaustufe des Startup Investments über Fonds ist der sogenannte Fund-of-Fund-Ansatz. Dieser Ansatz streut noch breiter, da dieser als Fonds in verschiedene andere Startups-Investmentsfonds investiert. Damit können verschiedene Verticals, Startup-Phasen, Expertisen etc. gleichzeitig abgedeckt werden. Es gibt hier auch Konstrukte, die konkret Corporates aus dem Mittelstand bzw. Unternehmerfamilien ansprechen. Bei einigen davon habe ich selber sehr gute Zugänge und vermittle entsprechend passende Parteien.

#55

AUF DEM LAUFENDEN BLEIBEN

Es galt schon immer, dass erfolgreiche Menschen viel lesen und sich mithilfe verschiedener Medien viele Informationen beschaffen. Dies gilt gerade in digitalen und stürmischen Zeiten. Insbesondere wenn sich Corporates, also sowohl Management als auch Mitarbeiter, mit dem Thema Startup beschäftigen, ist es ihnen dringend geraten, sich möglichst täglich mit dem aktuellen Treiben im Markt zu beschäftigen! Ich selbst nutze im Schwerpunkt folgende Kanäle auf täglicher Basis, ebenso wie viele Startup-Unternehmer, die ich kenne:

1) Newsletter
2) Podcasts
3) Bücher
4) Events

Manche glauben, Newsletter seien out. Das Gegenteil ist der Fall, sie sind gefragter und relevanter denn je. Newsletter sollten danach ausgewählt werden, welche Themen dem Leser für seine Arbeit oder sein Tun helfen. Der Verfasser der Newsletter übernimmt dann die Rolle des Vorfilters und schafft somit eine Vorselektion relevanter Inhalte zu einem bestimmten Thema aus dem Grundrauschen.

Ich selber nutze einige allgemeine Newsletter, die ich ich auch jedem empfehlen kann, der sich mit Startups, Innovation und Technologie beschäftigt:

1) Startup Insider (täglich): News zum Startup-Geschehen mit Blick auf Deutschland und die Welt
2) CB Insights Newsletter (wöchentlich): News zu weltweiten Tech- und Startup-/VC-Themen
3) Morning Brew (täglich): breites Spektrum (USA-lastig)
4) A16z Newsletter (wöchentlich): Software- und Tech-Themen, aber auch Zukunftstrends

Da ich mich persönlich für FoodTech-Themen interessiere, kommen hier noch zwei bis drei spezielle Newsletter dazu.

Wer jetzt fragt, wie man das alles schaffen soll, dem sei gesagt, dass die Newsletter sehr verlässlich zu bestimmten Uhrzeiten erscheinen und man darum herum seine täglichen Routinen bauen kann. In der Regel braucht man für einen Newsletter nicht mehr als zehn Minuten.

Als Tipp kann ich dann noch die App Pocket (ehemals Read It Later) ans Herz legen. Wenn es doch mal längere, aber spannende Beiträge sind, speichere ich sie mir in der Pocket App und lese sie später nochmal in Ruhe.

Als weitere wichtige Wissensquelle empfehle ich Podcasts. Podcasts sind das Medium unserer Zeit und haben in den letzten Jahren einen unglaublichen Höhenflug erlebt. Teilweise finde ich es schon etwas unübersichtlich, da gefühlt jeden Tag unzählige neue Podcasts auf den Markt kommen. Das Schöne an Podcasts ist tatsächlich, dass sie perfekt geeignet für das Nebenbei-Konsumieren sind. Das heißt, ich kann Podcast beim Autofahren, beim Laufen oder in der Bahn hören.

Im Business-Bereich würde ich unterscheiden zwischen Podcast, die Persönlichkeiten interviewen, und Podcast, die stark auf Inhalte (Deep Dive) setzen. Meine persönlichen Podcast-Favoriten sind:

1) Deutsche-Startups.de: Insider-Podcast mit spannenden Fakten und Hintergründen zu Finanzierungsrunden deutscher Startups
2) OMR Podcast: Interviews mit spannenden Startup- und anderen Persönlichkeiten
3) Kassenzone: Interviews und Analysen zu verschiedenen E-Commerce-Strategien und -Geschäftsmodellen
4) Digital Kompakt: Interviews und Erklärungen (Deep Dives) zu allen Themen rund um Startup und Digital
5) t3n: wöchentliche News und Interviews zu verschiedenen digitalen Themen

Darüber hinaus nutze ich auch noch weitere Podcasts, diese dann aber eher unregelmäßig und ausschließlich bei spannenden und für mich relevanten Themen. Hier ist eine Podcast-Favoritenliste ratsam, durch die ich einmal am Tag durchscrolle, um zu schauen, ob etwas Neues dabei ist. Gleichzeitig ist es auch sinnvoll, bei Problemen oder konkreten Fragestellungen besonders in Deep-Dive-Podcasts nach Antworten zu suchen.

Letztlich sind neben den digitalen Informationen Bücher immer noch ein wesentliches Instrument, um inhaltlichen Tiefgang zu einem spezifischen Thema zu erlangen. Ich selber versuche, wenn möglich, 20 Seiten am Tag zu lesen, was sich zirka auf eine halbe Stunde beschränkt. Damit schaffe ich im Durchschnitt etwa ein Buch pro Woche. Gerade englische Fachbücher sind sehr einfach zu lesen, da die relevanten Inhalte immer am Anfang und am Ende des Buches bzw. des Kapitels stehen. Der Rest besteht häufig aus viel Story und

Beispielen. Eine Liste mit meinen Buchempfehlungen habe ich unter www.dinotriffteinhorn.de zusammengestellt.

Abschließend empfehle ich auch Twitter, wenn es um spezifische Inhalte von erfolgreichen Personen geht. Ich selber folge vielen herausragenden Wissenschaftlern (Fokus Innovation, Entrepreneurship, Technologie), die auf Twitter gerne ihre eigenen oder auch andere relevante Erkenntnisse teilen – in 280 Zeichen. Einer meiner Favoriten ist Ethan Mollik (@emollick), der als Professor an der Wharton School der University of Pennsylvania fast täglich wissenschaftliche Paper zum Thema Startup und Innovation in Tweet-Länge zusammenfasst.

Außerdem nutze ich regelmäßig Google Scholar, wenn ich mal eine spezielle Fragestellung habe und wissen will, welche Antworten die Wissenschaft dazu parat hat. Hierbei lerne ich immer wieder, dass viele der Fragen in der Wissenschaft schon beantwortet sind. Die Kunst liegt damit wieder in der Formulierung der richtigen Fragen beziehungsweise im Nutzen der passenden Keywords.

Letztlich nutze ich noch Events, um mich auf dem Laufenden zu halten. Hier verfolge ich zwei Ansätze. Einerseits hole ich mir auf Events selbst Inspiration und erweitere den eigenen Horizont. Hierzu bin ich gerade in Corona-Zeiten auf den Geschmack von virtuellen Events und Webinaren gekommen. Diese sind meist einfach zugänglich, da sie auch zeitversetzt, also im Nachgang, noch verfügbar sind und ich schnell entscheiden kann, ob es für mich spannend ist oder nicht. Bei einem physischen Event kann man in der Regel nicht so schnell einfach wieder aufstehen und gehen. Spannende Quellen sind die immer offenen und frei verfügbaren Webinare und Events vom MIT Sloan, der Stanford University und der Singularity University.

Wenn ich physische Events besuche, geht es bei mir initial entweder um das Pflegen bestehender oder das Aufbauen neuer Beziehungen. Zeitgleich bin ich auf vielen Events selber aktiv, zum Beispiel als Sprecher, und kann damit die teilnehmende Gruppe besser danach selektieren, wer ein spannender Austauschpartner sein könnte, da diese Leute nach einem Vortrag direkt zu mir kommen. Ich selber gehe als Entrepreneur und Vertreter von Startups eher auf Veranstaltungen, bei denen ich der Exot bin, zum Beispiel auf Industrie- oder Branchentreffen.

Corporates kann ich nur empfehlen, spezifische Startup-Events zu besuchen oder auch selbst mal das ein oder andere offene Event zu veranstalten, zum Beispiel über Meetup. Hierbei spielen vor allem der Austausch mit dem Netzwerk und die Sichtbarkeit eine wichtige Rolle. Wenn sich eine Corporate eine eigene kleine Meetup-Serie aufbaut, kann der Aufbau einer „Expert Crowd" ein Ergebnis sein.

EPILOG

Dieses Buch ist mir ein Herzensanliegen. Ich glaube fest an das Thema Zusammenarbeit und Kollaboration. Gerade mit Blick auf die nächsten zehn Jahre ist es zwingend notwendig, dass Corporates (wieder) mehr wie Startups agieren und Startups sich mehr auf die Zusammenarbeit mit Corporates einlassen. Gerade wenn es um die komplexer werdenden Themen im B2B Umfeld geht. Darüber hinaus sehe ich ein Umdenken bei allen als notwendig an, gerade wenn es um Wettbewerb geht. Es ergibt einfach keinen Sinn mehr, in Wettbewerb zu denken und Logiken davon im täglichen Tun anzuwenden. Gerade das Thema Purpose ist für Entrepreneure der neuen Generation eines der wesentlichen Treiber ihres gesamten Schaffens. Niemand will und wird in Zukunft mehr an Themen arbeiten, die keinen Sinn stiften. Als leidenschaftlicher Entrepreneur sehe ich darüber hinaus die große Notwendigkeit, Entrepreneurship als Gesamtthema sowohl in Unternehmen als auch in der Gesellschaft zu fördern. Für mich ist es der einzige Weg, die aktuellen Herausforderungen und Krisen, aber vor allem auch die nächste Krise erfolgreich zu bewältigen. Es werden Probleme aufkommen, die wir heute noch nicht kennen, und für die dann kurzfristig Antworten und Lösungen benötigt werden. Dafür sind Entrepreneure mit ihren Persönlichkeiten bestens geeignet und benötigen entsprechend Unterstützung.

NUR ZUSAMMEN ERGIBT ES SINN

Insgesamt geht es Corporates bei all ihren nach vorn gerichteten Aktivitäten darum, relevante digitale Fähigkeiten zu entwickeln. Zusätzlich wollen sie lernen, zu innovieren und sich anzupassen. Doch allzu oft wird noch auf traditionelle Weise nach Lösungen gesucht. Corporates müssen ihre Probleme und potenzielle Lösungen aus einem ganz neuen Blickwinkel betrachten. Der Dialog und die Zusammenarbeit mit Startups können dabei helfen, diese neuen Blickwinkel einzunehmen und unkonventionelle Methoden auszuprobieren.

Kluge Corporates sehen externe Quellen für Innovation nicht als Ersatz für interne Bemühungen. Vielmehr geht es ihnen um die Erweiterung des Aktivitäten-Portfolios. Das Ziel ist die Kompetenzerweiterung, weil nur so ein sicherer Weg in die Zukunft gefunden werden kann.

Corporates müssen verstehen und anerkennen, dass sie für bestimmte Entwicklungen nicht mehr die internen Fähigkeiten und Kompetenzen besitzen. Wer im digitalen Zeitalter wettbewerbsfähig und damit überlebensfähig bleiben möchte, muss über den Tellerrand der eigenen Organisation schauen und sich intensiv mit neuen Technologien und Anwendungen befassen.

Corporates, die sich extern aktiv engagieren, stoßen auch nach innen neue Prozesse an. Doch wenn eine Organisation nach außen nicht aktiv wird, erstarrt sie auch im Innern. Neueste Studien geben Hoffnung, dass sich der Trend fortsetzen wird und immer mehr Unternehmen von der reinen Innensicht wegkommen und mit verschiedenen externen Partnern zusammenarbeiten werden.

Viele Corporates merken es bereits: Die Lücke zwischen dem technologisch Machbaren und dem bestehenden Geschäft wird spürbar größer. Startups unterscheiden sich im Denken und Handeln von Corporates. Das zeigt sich zum Beispiel im Umgang mit dem Scheitern oder beim Einsatz von Experimenten.

Deshalb können Startups Vorlagen, Rollenmodelle und Partner für Unternehmen sein, die ihr Neugeschäft transformieren möchten. Viele Corporates wollen letztlich so denken und handeln wie Startups. Agilität kann dazu das Mittel sein, aber nicht der Zweck.

Die Zusammenarbeit mit Startups schafft den Corporates Zugang zu Innovation und technologiegetriebenen Lösungen, die sie meiner Ansicht nach nur schwer oder gar nicht selbst erzeugen können. Sie haben dafür aber den Zugang und das Wissen im Bezug auf spezifische Probleme. Genau dieser Zugang zu guten Problemen wird in Zukunft ein wesentliches Asset darstellen.

Fest steht: Es wird keinen Ruhepuls oder Normalmodus mehr geben. Die ehemalige CIO von General Electric, Sue Siegel, hat 2018 in einer Keynote mal folgenden Satz dazu gesagt: „The pace of change will never be as slow as it is today." Das bedeutet, dass wir immer schnellere Veränderungen erleben werden. Zeitgleich werden uns rückblickend Krisen und Veränderungen immer wie eine Kleinigkeit vorkommen, im Vergleich zur aktuellen Situation. Ich bin davon überzeugt, dass wir mit zunehmender Dynamik öfter von „Siegel's Law" hören werden.

Somit werden Corporates erfolgreich sein, die sich mit dieser Dynamik und der unbekannten Zukunft arrangieren. Vorausgesetzt, es gelingt ihnen, den nächsten Schritt zu gehen: von der kontinuierlichen Innovation zur kontinuierlichen Transformation. Der Wandel muss zum Alltag werden. Dies kann nur in Kollaboration gelingen.

DER MITTELSTAND HAT EIGENTLICH GUTE KARTEN

Deutschland hat in den letzten gut 15 bis 20 Jahren fast alles verschlafen, was es an relevantem B2C-Geschäft gab. Die großen US-amerikanischen und chinesischen Plattformen dominieren das Endnutzergeschäft und monetarisieren diese Zugänge. Die womöglich einzige Chance, die uns jetzt noch bleibt, ist der B2B-Bereich. Dieser Bereich hat in den letzten Jahren in Deutschland auch Startup-seitig deutlich an Fahrt aufgenommen. Hier entsteht eine große Chance für den Mittelstand, der immer noch überwiegend B2B-fokussiert ist.

Mit Blick auf diese Chance sehe ich bei den Corporates aus dem deutschen Mittelstand zahlreiche Vorteile, die es jetzt auszuspielen gilt.

Die DNA des Mittelstands ist auf Langfristigkeit ausgelegt. Im Gegensatz zu Konzernen, bei denen das Management nur für einige Jahre eingesetzt ist, können Mittelständler wirkliche Transformation einleiten und durchhalten. Management in Konzernen gleicht mitunter einem Malen nach Zahlen. Hier herrscht kurzfristiges Denken und Ausrichtung auf eben diese Zahlen. Damit werden zwar kurz- und mittelfristig Ziele erreicht – aber nur um den Preis der langfristigen Zukunft.

Im Mittelstand sind die Strukturen bereits vorhanden, die Gründer im Startup erst aufbauen müssen, wie Teams, Prozesse, Ressourcen oder Zugang. In den Corporates gibt es meist ein größeres „Schwungrad", welches das Unternehmen am Laufen hält. Es besteht zum Beispiel aus Familie, dem laufenden Geschäft, der Kultur und emotionaler Verbundenheit. Bei Startups ist das Schwungrad meist der Gründer beziehungsweise das Gründerteam. Wenn die sich nicht massiv reinhängen, liegt das Unternehmen schnell am Boden.

Nicht zuletzt ist der Ursprung der meisten Corporates auch stark unternehmerisch geprägt. Die Gründer haben vor vielen Jahren oder Jahrzehnten schließlich selbst als Startup begonnen. Eine zukunftsorientierte Firma versteht, dass sie jedem Mitarbeiter die Möglichkeit geben muss, ein Entrepreneur zu sein. Damit zeigt die Firma, dass sie die Ideen der Mitarbeiter respektiert und sie auf einer ganz anderen Art und Weise wertschätzt.

Deshalb braucht es Drive und Findigkeit bei den Corporates, um die Chancen im digitalen Neugeschäft zu nutzen. Die sind aktuell (während und nach der Corona-Krise) ausreichend vorhanden.

Gerade wenn es um das Neugeschäft geht, also Dinge außerhalb des eigentlichen Kerns der Organisation, sind halbherzige Transformationen und Aktivitäten eher kontraproduktiv. Sollte keine Transformationsaktivität erfolgreich oder realistisch in ihrer Durchführung sein, rate ich zumindest dazu, mit dem überschüssigen Kapital direkt oder indirekt in Startups und damit in die mögliche Zukunft des Unternehmens zu investieren.

WENIGER WETTBEWERB, MEHR PURPOSE

Corporates erkennen meist besser die Probleme – gerade im Bereich B2B – und Startups finden in der Regel die bessere Lösung. Beides zu vereinen, ist entscheidend, und es wird im neuen Jahrzehnt weiter entscheidend sein.

Doch zuerst müssen sich alle Beteiligten im Business-Kontext vom starken Wettbewerbsdenken lösen. Dieses Denken ist vielen noch im letzten Jahrhundert beigebracht worden und dominiert nach wie vor viele strategische Überlegungen sowohl in Corporates als auch in Startups. Mit einer egoistischen und rein profitgetriebenen Vorgehensweise schaden sich aber alle langfristig selbst.

Durch den eingeengten Blick gehen zu viele Chancen verloren, die in Bereichen entstehen, die komplett neu sind oder in denen man selbst noch nicht aktiv ist. Diese Potenziale gilt es zu nutzen. Und das geht in der Regel besser und schneller, wenn man kooperiert. Somit ist klar: „Collaboration is the new competition."

Was sich auch vermehrt durchsetzen wird, sowohl in Startups als auch in Corporates, ist eine Purpose-getriebene Vorgehensweise. Neben den unmittelbaren Zielen wird auch die Motivation nach außen offen kommuniziert, das Unternehmen wird sogar schwerpunktmäßig darauf ausgerichtet. Der Purpose ist häufig umfassender und nicht nur auf die eigenen Interessen ausgerichtet. Er schafft eine Energie, die langfristig inspiriert und die Richtung vorgibt.

Der Wechsel in eine Purpose-getriebene Vorgehensweise ist tiefgreifender und bedeutet gerade für etablierte Organisationen eine große Veränderung. Der Ansatz hat großen Einfluss auf die Strategie und darauf, wie zum Beispiel Budgets geplant werden. Purpose-getriebene Unternehmen kennen meist keinen Wettbewerb. Wer dabei helfen kann, den Purpose schneller und besser zu erreichen, ist für sie ein Partner und kein Wettbewerber. Hier kann ich mir für die Zukunft tolle Partnerschaften zwischen Corporates und Startups vorstellen. Immer nach dem Motto: Better together.

MEHR INVESTITIONEN IN ENTREPRENEURSHIP

Letztlich braucht es für all das Beschriebene immer Menschen, die all das bewegen können und wollen. Aber wo sollen die herkommen? Wie ist es um unseren unternehmerischen Status bestellt? Kurz gesagt: eher schlecht. Die Gründerquote in Deutschland sinkt seit Jahren kontinuierlich. Absolventen wollen eher sichere Jobs mit hohem Freiheitsgrad und gutem Gehalt. Somit ist es nicht verwunderlich, dass Ernst & Young (EY) herausgefunden hat, dass sich knapp die Hälfte der Absolventen den öffentlichen Dienst als Arbeitgeber wünschen. Zusätzlich gibt es zu wenig explizite Ausbildungswege für Entrepreneure und zu wenig Investitionen, gerade im frühen Bereich, wenn Kinder und Jugendliche bereits sehr empfänglich dafür sind.

Dabei haben neueste Erkenntnisse der Entrepreneurship-Forschung gezeigt, dass es aus gesellschaftlicher Sicht ein sehr guter Schritt ist, in Entrepreneure zu investieren. Dazu braucht es mehr unkomplizierte Programme und Fördermöglichkeiten für Gründer. Mit geringem Aufwand und wenig Kosten können viele neue Jobs geschaffen werden – deutlich mehr als mit anderen Maßnahmen.

Darüber hinaus müssen wir offener und transparenter mit dem Thema Entrepreneurship umgehen. Wir sind hier als Land und Gesellschaft sicher schon auf einem guten Weg. Allerdings betreiben die US-Amerikaner immer noch ein deutlich besseres Storytelling als wir in Deutschland. Wir machen uns immer noch sehr klein und stapeln sehr tief, wenn es um Erfolge, aber auch Potenziale geht. Unsere Story ist rational auf Fakten basiert. Die US-Amerikaner beherrschen eher die emotionale Bildsprache. Deshalb ist das Silicon Valley ein Exportschlager. Auch wenn die Blütezeit sicher vorüber ist, profitieren nach wie vor unglaublich viele Leute davon.

Auch beim Thema Bildung muss mehr in Richtung Entrepreneurship passieren. Heute studieren mehr Menschen als je zuvor. Leider sind gerade im Wirtschaftsbereich Fächer wie BWL und Business Administration am gefragtesten, in denen es überwiegend um das Erlernen des Managements von Bekanntem geht und um die Verwaltung von Bestehendem.

Wir müssen umdenken und mehr darauf fokussieren, was Menschen und Mitarbeiter wirklich brauchen, wenn es um den Umgang mit dem Unbekannten geht. Dazu müssen sowohl die Hochschulen als auch die vorgelagerten Schulen viel unaufgeregter mit modernen Ansätzen und Technologien umgehen. Mit Entrepreneurship und mehr Startup-Mentalität ließe sich unser Bildungssystem umkrempeln.

Auch hierbei ist es wichtig, zu experimentieren und zu kollaborieren. In Ländern wie Estland ist nicht nur die digitale Infrastruktur um Längen besser. Dort tragen auch die einzelnen Schulen und Hochschulen die Verantwortung dafür, Dinge selbst auszuprobieren. Parallel dazu tauschen sie sich übergreifend aus und teilen die Erfahrungen mit anderen Einrichtungen.

Meine Motivation in der Rolle des Professors ist es nicht, den Studenten zu zeigen, wie sie ein einzelnes Business aufbauen können. Meine Rolle ist es, den Studenten beizubringen, wie ein Entrepreneur zu denken und zu agieren. Oder in den Worten von Bill Aulet gesagt: „from creating companies to creating entrepreneurs."

Auch außerhalb des Business-Umfelds muss viel mehr Menschen das Thema Entrepreneurship verständlich und zugänglich gemacht werden. Dabei muss man von deren Neigungen, Talenten und Fähigkeiten ausgehen. Günter Faltin spricht davon, Menschen anzusprechen, die gerne „etwas unternehmen" wollen – von der kleinen Party über den Verein bis zu einem größeren Projekt. Damit macht er einen Unterschied zwischen dem großen U (Unternehmertum) und dem kleinen u (etwas unternehmen, sich einbringen) deutlich.

Wenn es uns nun gelingen würde, den Übergang vom kleinen u zum großen U zu vereinfachen, ja gar mühelos werden zu lassen, könnten wir ganz andere Bevölkerungsgruppen aktivieren und zum aktiven Handeln bewegen. Auf die Weise kann Entrepreneurship zu mehr Chancengleichheit führen und eine aktive Teilnahme an der Ökonomie schaffen. Faltin nennt das Ziel einer Entrepreneurial Society. Es braucht neben Entrepreneurship zur Entwicklung der Wirtschaft eben auch Social Entrepreneurship für die Entwicklung von Gesellschaften und letztlich für eine bessere Welt.

Insgesamt kommt ein Mehr an Entrepreneurship in der Gesellschaft auch den Corporates und Startups zugute. Sie wollen und brauchen Leute, die möglichst früh unternehmerische Grenzerfahrungen gesammelt haben, sich selbst reflektieren und ein gewisses Durchhaltevermögen an den Tag legen. Insgesamt führt das für Corporates und Startups gleichermaßen zu mehr Resilienz und mehr Streben nach Exzellenz.

Kurzum: Mehr Entrepreneurship, mehr Technologie und mehr Kollaboration – das hilft uns allen! Nur mit dieser Kombination können wir unseren Wohlstand sichern und damit die Welt ein großes Stück besser machen.

WAS KOMMT NACH DER DIGITALEN TRANSFORMATION?

Ich werde oft gefragt, was wohl nach der digitalen Transformation komme. Darauf antworte ich immer: Sie wird uns sehr lange begleiten und dann irgendwann in eine Art „business as usual" übergehen. Konkret meine ich damit, dass die Transformation für viele Unternehmen eine große Welle ist, auf der sie erfolgreich zu surfen versuchen. Einigen gelingt das bereits, aber die Mehrheit ist noch im Flachwasser unterwegs und macht erste Versuche. Es gibt aber auch noch zahlreiche Unternehmen, die am Strand stehen und ihr Brett suchen.

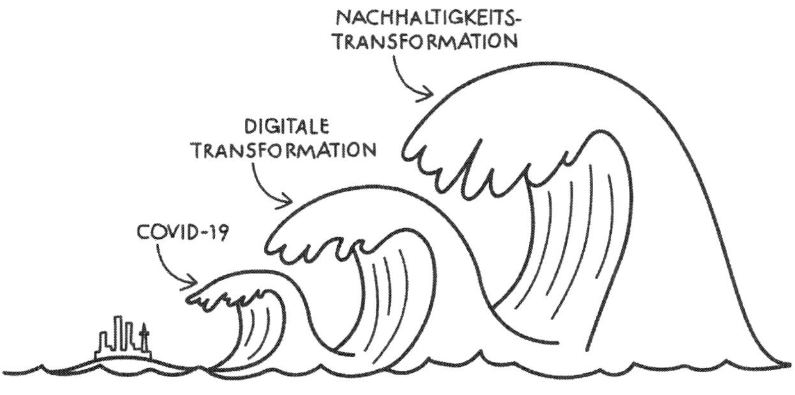

Jetzt kam noch die Corona-Welle hinzu, die sicherlich heftig war, die Unternehmen jedoch weniger radikal verändern wird als die digitale Transformation. Die Unternehmen sollten sich darüber im Klaren sein, dass hinter diesen beiden Wellen gerade eine viel größere Welle entsteht (siehe Abbildung). Das ist die Welle der Nachhaltigkeit. Sich darauf vorzubereiten, leitet die nächste große Transformation ein.

Ich möchte die Details hier nicht weiter ausführen. Dazu gibt es bereits zahllose Ansätze, Studien und Bücher. Ich kann an der Stelle das Buch von Thomas Wunder empfehlen, der die notwendige Veränderung und Nachhaltigkeitstransformation aus der Sicht des strategischen Managements in Unternehmen sehr gut beschrieben hat. Die nachfolgende Abbildung hat mir erst kürzlich wieder gezeigt, dass wir aus der Corona-Krise eines für die anstehende Nachhaltigkeitstransformation mitnehmen können: dass nämlich auch hier der Ansatz gilt: *Flatten the Curve*.

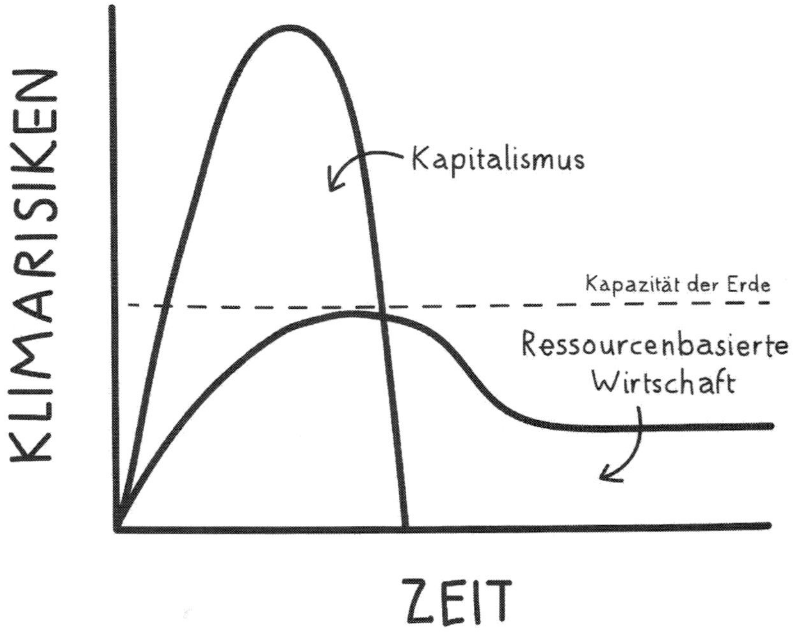

Für mich als Connector und Entrepreneur ist dieser Blick insofern im Kontext dieses Buches spannend, da ich enorme Chancen und Möglichkeiten sowohl für Startups als auch Corporates sehe.

Aus meiner Sicht wird in Zukunft die große Kunst nicht mehr darin bestehen, neue Produkte zu entwickeln und mit viel Aufwand auf den Markt zu bringen. Es wird darum gehen, wie Bedingungen geschaffen werden können, unter denen der Kunde auf Produkte verzichten kann. Danach kommen mehrere Fragen: Was können wir weglassen? Wo kann man Dinge radikal vereinfachen? Es braucht innovative Konzepte, die uns helfen, mit weniger Konsum auszukommen, ohne schmerzhaften Verzicht zu erleben.

Wie kann man den Nutzen von dem eigentlichen Besitz befreien? Musikstreaming und Carsharing haben vorgemacht, wie es gehen kann. Mit dem Internet der Dinge tun sich neue Wege auf, ungenutzte Kapazitäten können freigesetzt werden.

Die Kunst wird darin bestehen, das Weniger so attraktiv zu machen, dass Menschen es gerne annehmen. Darin sehe ich unglaubliche Chancen.

Durch Technologie wird eine Dematerialisierung der Wirtschaft in den nächsten zehn Jahren noch leichter sein als in den vergangenen zehn Jahren. Und zwar ohne Einbuße an Lebensqualität. Alles, was zu digitalen Bits werden kann, wird in Bits transferiert.

Somit kommt es auch hier auf Technologie und Innovation an, die im besten Fall aus Kollaboration zwischen Startup und Corporate entsteht. Hier ist mein abschließender Hinweis an beide Seiten, sich vermehrt auf DeepTech-Themen zu konzentrieren, die vielfach an Hochschulen und Universitäten entwickelt werden. Dort gibt es sehr gute technische Lösungen, die wieder mit Blick auf die Herausforderungen mit den richtig großen Problemen kombiniert werden müssen. Schaffen wir es, die großen Probleme, die vor uns liegen, kollaborativ und gemeinsam zu bewältigen, schaffen wir für uns und die nachfolgenden Generationen eine Welt, die lebenswert ist und viele spannende Entdeckungen für Corporates und Startups bereithält.

DANKSAGUNG

Dieses Buch ist mir schon seit längerer Zeit ein Anliegen gewesen. Vor gut einem Jahr habe ich die ersten Vorbereitungen dazu unternommen. Aber wie es nun einmal ist, fehlt meist die Zeit, sich intensiv Inhalten zu widmen. Deshalb gilt mein Dank zuallererst meiner Familie und vor allem meiner Frau Paola, die mir den Rücken freigehalten und für das Projekt wertvolle Familienzeit hergegeben hat.

Auch meine Teammitglieder, sowohl bei Nestim als auch bei Hungry Ventures, mussten das eine oder andere Mal auf mich verzichten. Ich bin ihnen dankbar, dass sie das möglich gemacht haben.

Für die Inhalte in diesem Buch muss ich natürlich den unzähligen Startups und Entrepreneuren in meinem Netzwerk danken. Sie sind es, die mich immer wieder dazu animieren, die Dinge neu zu denken und Bestehendes zu hinterfragen. Ebenso wertvoll sind meine Beziehungen und Netzwerke in die Corporate-Welt. Ich schätze den guten Austausch mit allen Partnern, Kunden und Freunden.

Darüber hinaus möchte ich allen Wegbegleitern danken, die nicht nur mich, sondern die gesamte Startup- und Digital-Szene immer weiter voranpushen, indem sie relevante Kompetenzen und Inhalte vertreten und vermitteln. Hier schätze ich besonders den Input von Thomas Andrae, Alexander Graf, Gunnar Gräf, Florian Heinemann, Marc Hildebrandt, Rasmus Rothe, Manfred Tropper, Harald Zapp und vielen anderen.

Letztlich möchte ich noch allen danken, die mir bei der Erstellung und Finalisierung des Buches geholfen und mich bei den vielen Teilschritten unterstützt haben. Danke an Laura Herrmann, Niko Kaapa, Christoph M. Kluge, Sidney Kühn, Konstantin Riffler, Michael Sprick und Ferdinand Werthwein.

Ein abschließender, aber ganz besonderer Dank geht an den kürzlich und unerwartet verstorbenen Prof. Dr. Matthias Hartmann. Er war mein langjähriger Mentor und hat mich vom Studium an bis hier, wo ich heute stehe, fortlaufend begleitet und aktiv unterstützt. Von ihm habe ich so viele wertvolle Dinge gelernt, die ich die letzten Jahre anwenden konnte und in Zukunft mit großer Wertschätzung weitergeben werde. Er wird mir fehlen. Ihm widme ich dieses Buch.

QUELLENVERZEICHNIS

LITERATURQUELLEN

1. **Andreessen, Marc; Blank, Steve; Hoffman, Reid; Sahlman, William A.** (2018): HBR's 10 Must Reads: On Entrepreneurship and Startups. 1. Auflage, Boston: Harvard Business School Publishing Corporation
2. **Aulet, Bill** (2016): Startup mit System: In 24 Schritten zum erfolgreichen Entrepreneur. 1. Auflage, Heidelberg: dpunkt.verlag
3. **Dorf, Bob; Blank, Steve** (2014): Das Handbuch für Startups: Schritt für Schritt zum erfolgreichen Unternehmen. 1. Auflage, Köln: O'Reilly Verlag
4. **Ellsberg, Michael** (2013): The Education of Millionaires: Everything You Won't Learn In College About How To Be Successful. 2. Auflage, New York: Penguin Group Inc.
5. **Faltin, Günter** (2019): DAVID gegen GOLIATH: Wir können Ökonomie besser. 1. Auflage, Freiburg im Breisgau: Haufe Group
6. **Flynn, Pat** (2016): Will It Fly?: How to Test Your Next Business Idea so You Don't Waste Your Time and Money. 1. Auflage, San Diego: Flynndustries, LLC
7. **Gladwell, Malcom** (2016): Tipping Point: Wie kleine Dinge Großes bewirken können. 1. Auflage, München: Wilhelm Goldmann Verlag
8. **Govindarajan, Vijay; Trimble, Chris** (2010): The Other Side of Innovation: Solving the Execution Challenge. 1. Auflage, Massachusetts: Harvard Business Review Press

9. **Horowitz, Ben** (2014): Wenn es hart auf hart kommt: Schwierige Management-Situationen und wie man sie meistert. 2. Auflage, Kulmbach: Börsenmedien AG
10. **Kawasaki, Guy** (2015): The Art of the Start 2.0: The Time-Tested, Battle-Hardened Guide for Anyone Starting Anything. 1. Auflage, New York: Penguin Group
11. **Keese, Christoph** (2016): Silicon Valley: Was aus dem mächtigsten Tal der Welt auf uns zukommt. 3. Auflage, München: Albrecht Knaus Verlag
12. **Kupor, Scott** (2019): Secrets of Sand Hill Road: Venture Capital and How to Get It. 1. Auflage, London: Virgin Books
13. **Laloux, Frederic** (2014): Reinventing Organizations: A Guide to Creating Organizations Inspired by the Next Stage of Human Consciousness. 1. Auflage, Brüssel: Nelson Parker
14. **Moazed, Alex; Johnson, Nicholas L.** (2016): Modern Monopolies: What It Takes to Dominate the 21st-Century Economy. 1. Auflage, New York: St. Martin's Press
15. **Mollick, Ethan** (2020): The Unicorn's Shadow: Combating the Dangerous Myths that Hold Back Startups, Founders, and Investors. 1. Auflage, Philadelphia: Wharton School Press
16. **Ramadan, Al; Peterson, Dave; Lochhead, Christopher; Maney, Kevin** (2016): Play Bigger: How Rebels and Innovators Create New Categories and Dominate Markets. 1. Auflage, London: Piatkus – Little, Brown Book Group
17. **Ries, Eric** (2014): Lean Startup: Schnell, risikolos und erfolgreich Unternehmen gründen. 7. Auflage München: Redline Verlag

18. **Ries, Eric** (2017): The Startup Way: How Entrepreneurial Management Transforms Culture and Drives Growth. 1. Auflage, New York: Crown Publishing Group
19. **Robinett, Judy** (2014): How to Be a Power Connector: The 5+50+100 Rule for Turning Your Business Network into Profits. 1. Auflage, New York: McGraw-Hill Education
20. **Schmidt, Eric; Rosenberg, Jonathan** (2015): How Google Works. 1. Auflage, New York: Hachette Book Group
21. **Taylor, William C.** (2016): Simply Brilliant: How Great Organizations Do Ordinary Things In Extraordinary Ways. 1. Auflage, New York: Penguin Random House LLC
22. **Teece, David J.** (2011): Dynamic Capabilities & Strategic Management: Organizing for Innovation and Growth. 2. Auflage, Oxford: Oxford University Press
23. **Thiel, Peter; Masters, Blake** (2015): Zero To One: Wie Innovation unsere Gesellschaft rettet. 1. Auflage, Frankfurt am Main: Campus Verlag
24. **Wilkinson, Amy** (2016): The Creator's Code: The Six Essential Skills of Extraordinary Entrepreneurs. 2. Auflage, New York: Simon & Schuster Paperbacks
25. **Wunder, Thomas** (2019): Rethinking Strategic Management: Sustainable Strategizing for Positive Impact. 1. Auflage, Cham: Springer Nature Switzerland AG
26. **Yoon, Eddie** (2016): Superconsumers: A Simple, Speedy and Sustainable path to superior Growth. 1. Auflage, Massachusetts: Harvard Business Review Press

INTERNETQUELLEN

1. **Höpner, Axel** Handelsblatt GmbH [Hrsg.] (2020): Next47: Warum Siemens mit seinen Start-ups nicht warm wird.
   URL:
   https://www.handelsblatt.com/unternehmen/industrie/venture-capital-next47-warum-siemens-mit-seinen-start-ups-nicht-warm-wird/25625720.html [30.03.2020]
2. **Kane, Gerald C.** MIT Sloan Management Review [Hrsg.] (2017): Digital Disruption Is a People Problem.
   URL:
   https://sloanreview.mit.edu/article/digital-disruption-is-a-people-problem/ [12.04.2020]
3. **Krymalowski, Mark** Egon Zehnder International GmbH [Hrsg.] (2019): Egon-Zehnder-Studie: Die erste Generation der Chief Digital Officers zieht Zwischenbilanz.
   URL:
   https://www.egonzehnder.com/de/press-release/egon-zehnder-studie-die-erste-generation-der-chief-digital-officers-zieht-zwischenbilanz [04.06.2020]
4. **o. V.** CB Information Services [Hrsg.] (2018): A Guide To Corporate Innovation: 19 Strategies To Drive Innovation Now.
   URL:
   https://www.cbinsights.com/research/corporate-innovation-strategy-guide/ [12.04.2020]
5. **o. V.** McKinsey & Company [Hrsg.] (o. J.): Five Fifty: Platform plays.
   URL:
   https://www.mckinsey.com/business-functions/mckinsey-digital/our-insights/five-fifty-platform-plays#
   [09.02.2020]

6. **o. V.** McKinsey & Company [Hrsg.] (2019): Why do most transformations fail? A conversation with Harry Robinson.
URL:
https://www.mckinsey.com/business-functions/transformation/our-insights/why-do-most-transformations-fail-a-conversation-with-harry-robinson [17.02.2020]
7. **Schwartz, Jeff et al.** Deloitte University Press [Hrsg.] (2017): Rewriting the Rules for the Digital Age: 2017 Deloitte Global Human Capital Trends.
URL:
https://www2.deloitte.com/content/dam/Deloitte/global/Documents/About-Deloitte/central-europe/ce-global-human-capital-trends.pdf [28.05.2020]
8. **Simon, Oliver** Ernst & Young GmbH [Hrsg.] (2018): EY Studentenstudie 2018: Studenten in Deutschland: Werte, Ziele, Perspektiven.
URL:
https://de.slideshare.net/ernstandyoung/ey-studentenstudie-2018 [28.05.2020]
9. **Tauber, Matthias** Boston Consulting Group GmbH [Hrsg.] (2019): Konzerne ziehen mehr Gewinn aus Partnerschaften mit Start-ups als umgekehrt.
URL:
https://www.bcg.com/de-de/press/13juni2019_PM_CorporateStartups_DE [17.02.2020]
10. **Thompson, Neil C.; Bonnet Didier; Ye, Yun** MIT Sloan Management Review [Hrsg.] (2020): Why Innovation's Future Isn't (Just) Open.
URL:
https://sloanreview.mit.edu/article/why-innovations-future-isnt-just-open/?social_token=37818fd385508032ffa6e641fb4d3a15&utm_source=twitter&utm_medium=social&utm_campaign=sm-direct [04.06.2020]

BUCHCOVER BY SUPERFLINK

Ferdinand Werthwein

Seit nunmehr 7 Jahren arbeitet Ferdinand Werthwein als **User Experience** und **User Interface Designer** an **App-, Web- und Software-Projekten** mit. Er hat bereits an Produkten und Services für Startups, KMU und Großkonzerne wie **Microsoft, Zalando, MAN, SWR, ZF Friedrichshafen, Netze BW, Foodly und Keeunit** mitgewirkt und ist durch sein Verständnis für Produktstrategie und Startup-Methoden als kreativer Partner in der Produktentwicklung tätig.

Vor 3 Jahren hat er sich unter dem Pseudonym Superflink selbstständig gemacht und zusätzlich auf **Googles Design Sprint Workshops** spezialisiert, welche von Google Ventures zusammen mit Startups wie Uber, Airbnb und Slack entwickelt wurden. Damit hilft er Teams in ganz Deutschland (gerne auch 100% remote) dabei, innerhalb von nur 5 Tagen Lösungen für ihre wichtigsten Probleme zu kreieren, einen passenden Prototypen zu entwickeln und damit Feedback von echten Test-Usern zu sammeln.

Mehr zu diesem Thema sowie zu Ferdinands Portfolio findet ihr auf seiner Website: www.superflink.io

BUCH PARTNER I

German Deep Tech

In Partnerschaft mit dem Hasso-Plattner-Institut für Digital Engineering (HPI) überführt German Deep Tech seit 2001 richtungsweisende Innovationen im Bereich der Softwaretechnologie aus der Forschung in marktfähige Tech-Geschäftsmodelle.

Die Firmengruppe hilft brillanten Forschern & Tech-Pionieren, Deep Tech-Unternehmen zu gründen und zu skalieren, um die neusten technischen Möglichkeiten in Form von Produkten und Dienstleistungen nutzbar zu machen. Die Unternehmen basieren auf Methoden wie Advanced Analytics, Künstlicher Intelligenz, Informationskartographie und Software Analytics. Sie machen „Big Data" und komplexe Systeme transparent und strategisch steuerbar.

Als Innovationstreiber liefert German Deep Tech Digitalisierungsimpulse für Unternehmen, Märkte und Menschen. German Deep Tech engagiert sich unter Anderem in den Bereichen Location Intelligence, Digital Engineering, Point Cloud Analytics, Finance Analytics und Industrial Asset Management.

Weitere Informationen: www.germandeeptech.com

BUCH PARTNER II

Next Big Thing AG

Die 2016 gegründete Next Big Thing AG (NBT) ist ein führendes Venture-Studio und Frühphaseninvestor für die Machine Economy mit Sitz in Berlin. Sie verknüpft die gesammelten Erfahrungen von Vordenkern und Technologieexperten und treibt so nachhaltige Veränderungen für Unternehmen, aufstrebende Gründer und Investoren voran.

Mit einem umfassenden Portfolio an Gründungen im Bereich IoT, KI und DLT bietet NBT langfristige Unterstützung für B2B-Unternehmen, einschließlich des gesamten Angebotsspektrums an Toolkits für Entwicklung, Innovationsstrategien, Mentoring für Unternehmer und Startups sowie technisches Know-how und intelligente Finanzierung.

Ziel von NBT ist es, das Potenzial neuer Technologien zu nutzen, um den autonomen maschinellen Handel zu beschleunigen, neue Arten des Werteaustauschs zu erschließen und einen besseren Zugang zu Innovation, Entwicklung und Finanzdienstleistungen zu erhalten. Mit einem breit aufgestellten Netzwerk von Entrepreneuren, Investoren, Unternehmen, Startups, Vordenkern und Enthusiasten gibt NBT Digitalisierung und Technologie als Lösung den Vorrang, um mit Optimismus und Kreativität in die Zukunft zu gehen.

Weitere Informationen: www.nextbigthing.ag

SPENDE AUS DEM BUCHERLÖS

Als Familienvater und Mitglied der Gesellschaft liegt es mir am Herzen, gemeinnützige und nachhaltige Projekte zu unterstützen. Profitorientierung und Gemeinnützigkeit sind dabei nicht immer leicht zu vereinbaren, weshalb ich einen Teil des Erlöses des Buches an Gut&Bösel spenden möchte.

Es ist ein Projekt, mit dem ich nicht nur aus regionaler Verbundenheit, sondern auch aus meiner Rolle als Connector, Unternehmer und Professor heraus sympathisiere. Ihr Ansatz, vorbehaltlos neue Lösungen in der regenerativen Landwirtschaft zu suchen, auszuarbeiten und zu etablieren, verdient definitiv Unterstützung. Der Gründer Benedikt Bösel stellt dabei vermeintliche Wahrheiten aus der konventionellen Landwirtschaft infrage und geht mit seinen Lösungen auch über Ansätze der ökologischen Landwirtschaft hinaus.

Gut&Bösel passt daher auch hervorragend zum Spirit dieses Buches, da es zukunftsorientiert arbeitet und dabei auf neueste Erkenntnisse sowie auf breiter Front auf Co-Operation und Co-Creation mit Landwirten, Wissenschaftlern, Startups und vielen weiteren Akteuren setzt. Das Projekt ist in Brandenburg verankert, sorgt jedoch mit seinem "Beyond Farming" Konzept weit über die Grenzen des Bundeslandes hinaus für Aufmerksamkeit.

Daher habe ich mich entschieden, einen Euro pro verkauftem Buch aus dem Erlös des Autorenanteils an Gut&Bösel zu spenden.

Eine Übersicht über die äußerst spannenden Tätigkeiten und Projekte des Unternehmens finden Sie unter:

www.gutundboesel.org

Printed in Poland
by Amazon Fulfillment
Poland Sp. z o.o., Wrocław

63359433R00163